中欧前沿观点丛书

[美] 忻榕 —— 著

成为卓越的变革领导者

HOW TO BE A
GREAT CHANGE
LEADER

上海交通大学出版社
SHANGHAI JIAO TONG UNIVERSITY PRESS

内容提要

在当今快速变化且竞争激烈的商业环境中，企业领导者会不断寻求通过内部的组织变革来适应外部的变化，而企业也只有不断提高自己的变革能力才能保持自己的竞争力。数字化和智能化等方面的技术飞速发展，要求组织进行全方位的变革。相对于组织的局部变革而言，公司范围的变革更为复杂，更具挑战性，但做得好的组织会获得竞争优势。许多因素都会影响这种变革的成功。作为变革领导者，他们应该如何提高成功的几率呢？本书从五个维度分别论述了变革领导者应该做好哪些变革事项，以确保自己成为真正的变革催化剂。卓越的变革领导者会努力把事情做好，他们不仅重视应该做什么事情，而且注重如何做好每件事情。

本书适合企业管理者与管理专业师生阅读。

图书在版编目（CIP）数据

成为卓越的变革领导者/（美）忻榕著. —上海：
上海交通大学出版社，2024.8—（中欧前沿观点丛书）.
ISBN 978-7-313-31246-4

Ⅰ. F272.91

中国国家版本馆 CIP 数据核字第 2024NU0603 号

成为卓越的变革领导者
CHENGWEI ZHUOYUE DE BIANGE LINGDAOZHE

著　　者：〔美〕忻　榕
出版发行：上海交通大学出版社　　　　地　　址：上海市番禺路 951 号
邮政编码：200030　　　　　　　　　　电　　话：021 - 64071208
印　　制：苏州市越洋印刷有限公司　　经　　销：全国新华书店
开　　本：880mm×1230mm　1/32　　印　　张：9.25
字　　数：152 千字
版　　次：2024 年 8 月第 1 版　　　　　印　　次：2024 年 8 月第 1 次印刷
书　　号：ISBN 978 - 7 - 313 - 31246 - 4
定　　价：78.00 元

院长的话

　　中欧国际工商学院（以下简称"中欧"）是中国唯一一所由中国政府和欧盟联合创建的商学院，成立于 1994 年。背负着建成一所"不出国也能留学的商学院"的时代期许，中欧一直伴随着中国经济稳步迈向世界舞台中央的历史进程。30 年风雨兼程，中欧矢志不渝地追求学术和教学卓越。30 年来，我们从西方经典管理知识的引进者，逐渐成长为全球化时代中国管理知识的创造者和传播者，走出了一条独具特色的成功之路。中欧秉承"认真、创新、追求卓越"的校训，致力于培养兼具中国深度和全球广度、积极承担社会责任的商业领袖，被中国和欧盟的领导者分别誉为"众多优秀管理人士的摇篮"和"欧中成功合作的典范"，书写了中国管理教育的传奇。

　　中欧成立至今刚满 30 年，已成为一所亚洲领先、全球知名的商学院。尤其近几年来，中欧屡创佳绩：在英国《金融时报》全球百强榜单中，EMBA 连续 4 年位居第 2 位，MBA 连续 7 年位居亚洲第 1 位；卓越服务 EMBA 课程荣获 EFMD 课程认证体系认证，DBA 课程正式面世……在这些高质量课程的引导下，中欧同时承担了诸多社会责任，助力中国经济与管理学科发展：举办 IBLAC 会前论坛"全球商业领袖对话中国企业家"和"欧洲论坛"，持续搭建全球沟通对话的桥梁；发布首份《碳信息披露报告》，庄严做出 2050 年实现全范围碳中和的承诺，积极助力"双碳"目标的实现和全球绿色发展。

在这些成就背后，离不开中欧所拥有的世界一流的教授队伍和教学体系：120 位名师教授启迪智慧、博学善教，其中既有学术造诣深厚、上榜爱思唯尔"高被引学者"榜单的杰出学者，又有实战经验丰富的企业家和银行家，以及高瞻远瞩、见微知著的国际知名政治家。除了学术成就之外，中欧对高质量教学的追求也从未松懈：学院独创"实境教学法"，引导商业精英更好地将理论融入实践，做到经世致用、知行合一；开辟了中国与世界、ESG、AI 与企业管理和卓越服务四大跨学科研究领域，并拥有多个研究中心和智库，被视为解读全球环境下中国商业问题的权威；受上海市政府委托，中欧领衔创建了"中国工商管理国际案例库（ChinaCases. Org）"，已收录高质量中国主题案例 3 000 篇，被国内外知名商学院广泛采用。

从 2019 年起，中欧教授中的骨干力量倾力推出"中欧前沿观点丛书"，希望以简明易懂的形式让高端学术"飞入寻常百姓家"，至今已出版到第三辑。"三十而励，卓越无界"，我们希望这套丛书能够给予广大读者知识的启迪、实践的参照，以及观察经济社会的客观、专业的视角；也希望随着"中欧前沿观点丛书"的不断丰富，它能成为中欧知识宝库中一道亮丽的风景线，持续发挥深远的影响！

在中欧成立 30 周年之际，感谢为中欧作出巨大贡献的教授们，让我们继续携手共进，并肩前行，在中欧这片热土上成就更多企业与商业领袖，助力推进中国乃至世界经济的发展！

汪泓教授

中欧国际工商学院院长

杜道明（Dominique Turpin）教授

中欧国际工商学院院长（欧方）

2024 年 6 月 1 日

总　序

今年正值中欧国际工商学院成立 30 周年，汇集中欧教授学术与思想成果的"中欧前沿观点丛书"（第三辑）也如期与读者见面了。

对于中欧来说，"中欧前沿观点丛书"具有里程碑式的意义，它标志着中欧已从西方经典管理知识的引进者，逐渐转变为全球化时代中国管理知识的创造者和传播者。教授们以深厚的学术造诣，结合丰富的教学经验，深入浅出地剖析复杂的商业现象，提炼精辟的管理洞见，为读者提供既富理论高度又具实践指导意义的精彩内容。丛书前两辑面世后，因其对中国经济社会和管理问题客观、专业的观察视角和深度解读而受到了读者的广泛关注和欢迎。

中欧 120 多位教授来自全球 10 多个国家和地区，国际师资占比 2/3，他们博闻善教、扎根中国，将世界最前沿的管理思想与中国管理实践相融合。在英国《金融时报》的权威排名中，中欧师资队伍的国际化程度稳居全球前列。中欧的教授学术背景多元，研究领域广泛，学术实力强劲，在爱思唯尔中国高被引学者榜单中，中欧已连续 3 年在"工商管理"学科上榜人数排名第一。在学院的学术研究与实境研究双轮驱动的鼓励下，教授们用深厚的学术修养和与时俱进的实践经验不断结合国际前沿理论与中国情境，为全球管理知识宝库和中国管理实际贡献智慧。例如，学院打造"4＋2＋X"跨学科研究高地，挖掘跨学科研究优势；学院领衔建设的"中国工商管理国际案例库"（ChinaCases．Org）迄今已收录 3 000 篇以中国主题为主的教学案例，为全球商学院教学与管理实践助力。同时，中欧教授提交各类政策与建言，涵盖宏观经济、现金流管理、企业风险、领导力、新零售等众多领域，引发广泛关注，为中国乃至全球企业管理者提供决策支持。

中欧教授承担了大量的教学与研究工作，但遗憾的是，他们几乎无暇著书立说、推销自己，因此，绝大多数中欧教授都"养在深闺人未识"。这套"中欧前沿观点丛书"就意在弥补这个缺憾，让这些"隐士教授"走到更多人的面前，让不曾上过这些教授课程的读者领略一下他们的学识和风范，同时也让上过这些教授课程的学生与校友们重温一下曾经品尝过的思想佳肴；更重要的是，让中欧教授们的智慧与知识突破学术与课堂的限制，传播给更多关注中国经济成长、寻求商业智慧启示的读者朋友们。

今年正值中欧 30 周年校庆，又有近 10 本著作添入丛书书单。这些著作涵盖了战略、营销、人力资源、领导力、金融财务、服务管理等几乎所有管理领域的学科主题，并且每本书的内容都足够丰富和扎实，既能满足读者对相应主题的知识和信息需求，又深入浅出、通俗易懂。这些书虽由教授撰写，却都贴合当下，对现实有指导和实践意义，而非象牙塔中的空谈阔论；既总结了教授们的学术思考，又体现了他们的社会责任。聚沙成塔，汇流成河，我们也希望今后有更多的教授能够通过"中欧前沿观点丛书"这个平台分享思考成果，聚焦前沿话题，贡献前沿思想；也希望这套丛书继续成为中欧知识宝库中一道亮丽的风景线，为中国乃至世界的经济与商业进步奉献更多的中欧智慧！

以这套丛书，献礼中欧 30 周年！

主编

陈世敏

中欧国际工商学院会计学教授，

朱晓明会计学教席教授，副教务长及案例中心主任

李秀娟

中欧国际工商学院管理学教授，

米其林领导力和人力资源教席教授，副教务长（研究事务）

2024 年 6 月 5 日

序　言

　　"这是一个最好的时代，也是一个最坏的时代。" 100 多年前英国著名作家狄更斯在小说《双城记》开篇所说的话，今天仍然在我们耳边不断回响，因为这也是对今天商业环境所带来的发展机遇和巨大挑战的最好描述。

　　我们所处的时代科技发展迅猛，尤其是以大数据、云计算、区块链、物联网、人工智能为代表的新一代信息技术不断涌现，企业的创新层出不穷，新的商业模式风起云涌，这一切都在改变企业的经营环境和运作方式。在这个风云变幻的年代，数字化技术正在颠覆今天的商业环境，数智化转型已成为企业的必然选择和迫切需求，而变革已经变成家常便饭。有时是为了抓住机遇，企业主动求变；有时是受形势逼迫，企业不得不变。不管是出于什么原因，毫无疑问，变革已经成为一种新的常态。商业环境的瞬息万变带来了经营的不确定性，企业之间的竞争也越来越激烈，企业领导者唯有不断寻求通过内部的组织变革去适应外部的变化，提高自己的适应力才能保持自己的竞争力，不被淘汰出局。

许多企业领导者也注意到，数字化和智能化方面的技术飞跃发展，要求组织进行全方位的变革，小敲小打式的改进难以提升组织的生存力和竞争力。相对于组织的局部变革而言，公司范围的变革更为复杂，更具挑战性，但能够成功实施变革的组织会在行业的激烈竞争中获得一定的优势。

然而，许多研究都告诉我们，大多数组织变革和企业转型最终以失败告终。国内外许多专家和学者为此专门研究探讨了组织变革失败的主要原因。虽然研究人员得出的结论五花八门，但归根到底还是因为对变革管理不善，领导无方。因此，不难看出，要提高变革成功的几率，企业必须高效领导变革，有效管理变革。

一般来说，变革管理者负责落实变革项目的实施，而变革领导者则负责指挥、影响和倡导变革。企业的实践证明，变革领导力对于重大战略变革是非常有效的，可以帮助公司在行业中保持竞争力并进行创新。变革领导力的灵魂人物是变革领导者。

对变革领导者来说，在今天的商业环境中领导变革一定会面临诸多巨大挑战。许多不确定因素都会影响变革的成功。那么，变革领导者究竟应该如何去有效领导整个变革旅程，从而提高变革成功的几率呢？我们从这一思考点出发，对大量的变革理论和组织的实践进行了研究、分析和归纳。为了给读者提供有价值的、能引起共鸣的思想火花，本书既用概括凝练的方式介绍了一些经典的变革管理理论和观点，同时也收集、整理、参考了国外领导变革和管理变革方面的最新研究成果，其中包括变革管理书籍、变革管理研究论文、知名咨询公司的观点和建议，以及全球知名学者发表在变革管理专业网站上的最新文章。我们在书中还选择介绍了一些比较特别的内容，比如管理变革疲劳、变革过程中的情绪管理、变革治理结构、变革推动者以及变革推动者网络等，这些都是平时很少提及的概念和观点，也是比较容易学以致用的变革领导方法。

本书从因时而变、凝聚共识、转变思维、实施变革、评估改进五个方面论述了变革领导者应该做好哪些具体的变革事项，以确保自己成为真正的变革催化剂。这五个方面互相联系、环环相扣、缺一不可。只有把这五个方面都做好，才能提高变革成功的可能性。第一章主要讲述了领导者要对变革的各个方面有一个全面的认识，弄清变革的好处、主要类型、时机的选择，以及变革领导力和变革领导者应该发挥的关键作用。第二章围绕如何达成组织共识这个目标，论述了如何制定变革愿景、战略和管理策略，如何进行上传下达的变革沟通等方面的具体做法。第三章的内容涉及如何突破固有的思维模式和行为模式，如何让领导者和团队克服障碍，获得有效的转变，重塑新的变革思维和行为，从而为变革的实施打下坚实的基础。第四章论述了变革的实施策略和技巧，包括如何进行变革准备度的评估，如何对所有利益相关者进行分析，以及如何克服各种变革阻力，把变革的进程不断向前推进。第五章的内容是变革领导者和管理者容易忽视的一些评估与改进的流程，着重提供一些具体的方法和策略，并就如何升华变革领导和变革管理提供了一些针对性的建议。第六章对如何成为卓越的变革领导者进行了总体上的阐述，其中包括领导者在变革过程中常犯的错误以及可以进行自我检查的变革领导力硬核能力清单，并详细介绍了中外企业经常使用的几个变革管理经典模型。

变革领导者常常知道要做什么，但对如何才能做好却不甚了了。本书选择了与市面上的许多变革管理书籍不同的视角，围绕领导变革过程中每个环节的具体事项应该如何做好的方法和技能，少讲晦涩理论，多讲实战应用。本书还运用中外变革实践中的一些典型案例来帮助读者更好地理解变革的观点和做法。因此，本书更像一本工具书，具有一定的变革实战指导意义，可以帮助变革领导者学习各种变革的实用技能和方法，避免犯常见的错误，把自己塑造成为真正卓越的变革领导者。

本书各个章节篇幅不长，内容简明扼要，旨在方便各种组织、各个层级的领导者和经理人阅读。本书内容虽然介绍了许多国外的领导变革的思想观点和实践，但尽量做到容易理解，

容易运用到实践中。我们认为，变革领导力是可以习得并不断
增强的。领导者通过有意识的学习和实践，可以提高自己对变
革的认知和驾驭能力。读者可以按章节通读，了解变革的整个
过程，也可以利用碎片化时间查询、阅读某些章节，以解决自
己在领导变革过程中遇到的问题和挑战。

领导变革是一门科学，也是一门艺术。要成功地领导和管
理变革，说起来容易做起来难。卓越的变革领导者不仅应该知
道做什么，也应该知道如何做，更应该知道如何做得更加高效、
更有成效。本书适合企业的管理者、机构领导者、商学院的学
员以及研究组织变革领导力和变革管理的人员阅读。我衷心希
望本书对有志于成为卓越变革领导者的所有人士有所帮助。在
此，我也感谢中欧国际工商学院的仲进等同事对本书所做的
贡献。

忻榕教授

中欧国际工商学院组织行为学教授，

拜耳领导力教席教授，副教务长（欧洲事务）

2024 年 6 月 8 日

目　录

第 1 章

因时而变：
重塑组织的未来

今天，企业经营的外部环境和内部环境真可谓日新月异，不断发生着让人目不暇接的变化。地缘政治和突发疫情对企业的正常运营产生了深刻影响，而突飞猛进的技术革新更是给企业的生存和发展带来了巨大的机遇与挑战。数字化和智能化正在改变企业传统的经营方式，以及我们所熟悉的社会生活的各个方面。有人说，我们正处于第四次工业革命的浪潮中，它将重塑我们的整个社会。在这样的形势下，似乎所有的企业都必须进行变革，因为只有不断变革，企业才能做到适者生存，并获得可持续性发展。企业的成功变革，离不开企业高管层的有效领导，他们既要有高瞻远瞩的眼光、敏锐的时机把握，也必须具备推动变革的决心和毅力，以及行之有效的领导方法，否则变革成功几乎是不可能完成的任务。这一切将要求企业领导者必须担负起应有的变革职责，勇敢地迎接严峻的变革挑战。

变革是时代的要求

第四次工业革命

自 18 世纪中叶以来，人类历史上先后发生了三次工业革命：第一次工业革命开创了"蒸汽时代"（1760—

1840 年），人类社会从农耕文明向工业文明转变；第二次工业革命开创了"电气时代"（1860—1950 年），电力、钢铁、铁路、化工、汽车等重工业兴起，石油成为新能源，促进了交通的迅速发展；第三次工业革命开创了"信息时代"（1950 年至今），全球信息和资源交流变得更为迅速，推动了全球化进程。第三次信息革命方兴未艾，人类已经进入了第四次工业革命。

如果说前三次工业革命的核心分别是"机械化""电气化""信息化"，那么正在发生的第四次工业革命的核心则是"智能化"，这是由数字化、人工智能、物联网等领域的突破性进展引发的工业革命。

2023 年人们见证了 ChatGPT[①]（chat generative pre-trained transformer）在世界范围的大红大紫，而 2024 年 Sora[②] 又开始火爆全球，这使得人工智能（AI）技术进一步成为炙手可热的领域。人工智能技术的快速发展在许多领域都取得了令人瞩目的成就，并在全球范围内吸引了越来越多的关注。人工智能在商业领域中有着巨大的潜力。

---

① ChatGPT 是 2022 年 11 月美国人工智能研究公司 OpenAI 推出的一种人工智能技术驱动的自然语言处理工具，拥有强大的对话能力、信息整合和文本生成能力。

② Sora 是 OpenAI 公司 2024 年 2 月正式对外发布的人工智能文生视频大模型，可以根据用户的文本提示创建逼真的视频。

人工智能技术正在成为自动化和智能化制造业新的发展引擎，因为它可以帮助生产企业提高生产效率和质量，降低成本，实现高度定制化和个性化生产。人工智能技术也正在被人们用于预测金融市场走势、进行风险管理、实现智能投资和信贷评估等方面，提高金融服务的效率和准确性。此外，人工智能也在深入地融入教育、交通运输等行业，不仅能提升工作效率，而且能为人们带来更好的生活体验。许多公司已经开始将人工智能技术应用于其业务流程中。可以说，随着科技的飞速发展，人工智能在商业领域中的应用将变得更加普遍，世界也将迎来一个更加智能化和智慧化的未来。

第四次工业革命正在推动制造业的转型和升级，因为智能制造和自动化技术的快速发展使得生产过程变得更加高效和智能化。一些传统工作岗位可能会被机器人和自动化系统取代，这对企业的用工和劳动力市场会带来重大影响。当人类社会迈进一个智能化的崭新时代时，企业也会面临更多的机遇和挑战。

这场革命不仅涉及制造业，而且涉及服务业，将对企业的商业模式产生重大影响——本质上是对企业中的业务运营和工作方式产生重大影响。将人工智能运用于机器人，目前被认为是第四次工业革命的主要创新源泉，特别是在服务业。事实上，智能机器人有助于以较低的单位成本实现流程自动化。一些著名学者和行业领袖认为，智能机器人是未来劳动力的一部分：不会完全取代人类员工，而是与其共同创造所谓的混合劳动力。

那么，这一切对于企业领导者意味着什么呢？中国人民大学教授、华夏基石管理咨询集团董事长彭剑锋认为，数智化不仅是一场认知与思维的革命，更是一场脱胎换骨的系统变革与能力升级。数字化转型的本质是综合应用互联网与数字技术推动企业的战略与业务转型，驱动组织的变革与人才机制的创新。数字化转型需要新的战略思维，将打造新的组织能力，需要创新组织文化与人才机制，是涉及企业战略、组织、人才的一场系统变革。这意味着企业领导者有责任去了解如何战略性地、高效地采用新技术，尤其是数字技术，以及这些技术对业务运营、工作分工以及整个劳动力产生的影响，并思考新技术的采用如何与公司文化保持一致。这就是为什么企业领导者需要对公司和技术两方面有全面的了解，以便对其业务的未来做出明智的决策。

简而言之，作为企业领导者，他们首先必须了解第四次工业革命正在以及将来可能引发的经营环境和经营方式的变化，其次还要懂得如何利用新兴的技术和机遇，为组织带来价值。

当今的时代是一个变化多端的时代，我们已经从前几年一直挂在嘴边的"乌卡"时代，即 VUCA，指"不稳定"（volatile）、"不确定"（uncertain）、"复杂"（complex）、"模糊"（ambiguous），进入了所谓的"班尼"时代，即 BANI，指"脆弱"（brittle）、"焦虑"（anxious）、"非线性"（nonlinear）、"不可理解"（incomprehensible）。不管时代的风云如何变化，数字化和智能化却是非常确定的大势所趋，可能也是突破"乌卡"时代或"班尼"时代巨大挑战的战略性转型与变革。

变革带来的益处

企业经营环境的变化要求企业必须实施组织变革，抓住机遇和克服挑战从未像现在这样重要。虽然变革面临着风险和挑战，但是也会给企业带来诸多好处。对于想要保持竞争力的公司来说，一味维持现状终将被竞争对手无情地抛在后面。如果企业领导者了解这一事实，他就会拿出魄力站出来，勇于承担风险，追求变革。

当一个组织具有拥抱变革的文化时，尤其在当今动荡不安的商业环境中，从普通员工到高级管理人员，每个人都会积极寻求变革的机会，而变革给各种规模的公司所带来的积极影响都是显而易见的。从获得解决老问题的新方法到发现新的机会，从提高个人绩效到企业不断获得增长，从敏捷的员工队伍到灵活高效的组织方式，这一切都是每个企业梦寐以求的。拥抱变革的公司至少可以获得以下益处：

激励创新。拥抱变革的公司和团队往往也是创新的领导者。如果公司的各级员工都有一个根深蒂固的信念，即保持竞争力需要创新和与众不同，那就会造就一种员工拥抱变革、全身心投入创新的文化。从华为公司到拼多多公司，那些鼓励突破常规、敢于挑战创新极限、敢于冒险的组织，都是行业的颠覆者。

开拓新的商业机会和战略合作伙伴关系。有许多案例研究表明，如果组织对变革持开放态度，并探索商业机会和战略伙伴关系，那么组织的发展轨迹可能会有所不同。战略伙伴关系对商业成功至关重要，尤其对于应对当今市场的混乱和风险来说。行业之间的传统界限正在变得模糊，消费者越来越期望商品和服务相互关联，这会给企业带来许多新的商业机会。

鼓励持续改进。拥有一种变革文化会给企业带来真正的竞争优势。在这样的组织中，员工在工作中积极探索不断改进的方法，不但能改善客户体验，提高产品质量，还能创造出新的产品。有时候，产生最大影响的并不总是那些令人瞩目的大变革，而是日常不断累积起来的小小的改变。比如美国的 3M 公司就是一个拥有变革基因的典型例子，该公司素以勇于创新、产品繁多著称于世，鼓励员工围绕核心技术不断创新，开发了六万多种产品，以满足不同客户的需要。我们在日常工作中经常要用到的报事贴，就是 3M 公司的一名员工发明的。

吸引并留住人才。重视变革的公司充满了活力和创造力，员工的想法受到重视，也更容易获得赋能，并在变革过程中培养新的技能。他们工作更有动力和活力，并有机会影响公司及其目标，从而实现自己的价值。一家员工有主人翁意识的公司，会留住宝贵的人才，并吸引更多的优秀人才加盟。此外，随着人才争夺战的加剧，那些不愿实施变革的组织将失去人才，并被竞争对手甩在后面。

知名咨询公司麦肯锡（McKinsey）在官网上的研究成果指出，80％的高管认为他们目前的商业模式在不久的将来面临被颠覆的风险，而 84％的高管明白创新是自己公司增长战略的核心。[①] 另一家知名咨询公司高德纳（Gartner）的研究报告则显示，平均而言，今天的公司在

---

① 这是麦肯锡公司在其官网介绍如何帮助客户获得战略性成长与创新时公布的数据信息，数据网址为 https://www.mckinsey.com/capabilities/strategy-and-corporate-finance/how-we-help-clients/strategic-growth-and-innovation/。

过去 3 年中已经发起了 5 次全公司范围的大变革，而将近 75％的公司预计在未来 3 年内将要进行更多类型的重大变革。[①] 变革对于组织来说具有的重要性和必要性，由此可见一斑。总之，变革可以促进企业采用和使用新流程，从而提高效率，促进企业的持续发展。只有经常进行组织变革的公司，才能基业长青。

认识组织变革

什么是组织变革

变革是一种从当前状态（今天的情况）经过渡状态，进入未来状态（未来的情况）的活动。"变革的三种状态"这一概念在变革管理文献中得到了普遍认同。变革就发生在我们身边。变革可以是内部驱动的，也可以是外部驱动的。变革可能发生翻天覆地的变化，也可能只是微不足道的改变。变革可以是预料之中的，也可以是意料之外的。

组织变革可能是我们感受最深的一种变革。组织变革是指组织为了适应内外经营环境的变化，实现特定目标或

---

　　① 这是高德纳公司在其官网介绍组织变革管理的专栏中提供的数据信息，网址为 https：//www. gartner. com/en/human-resources/insights/organizational-change-management。

某个愿景而改变现状的一种活动。组织变革可能涉及战略、技术、组织、流程等方面的改变，其目的是提升组织能力和运营效率，更好地适应所处的经营环境，提高自己的核心竞争力，在激烈的行业竞争中生存下来并不断发展。比如，从传统的流程转变为数字化、智能化的流程，在生产流程中引入新的设备，向市场推出一款新产品，合并两个组织，每一种变革都是明确地从当前的状态转变为未来的状态。

组织的发展离不开组织变革。组织变革不仅是因应外部环境和内部情况所发生的变化，也是组织自我调适和进化的过程，其目的在于优化内部结构，提升组织的适应性和竞争力。组织变革的成功实施通常需要对发展战略目标达成共识，适当地调整组织结构、工作流程和管理体系，并通过培训改变人员的态度，形成新的行为方式。

变革的主要类型

要领导和管理好变革，领导者必须对不同类型的变革有所了解。这里，我们简单介绍 10 种最常见的组织变革类型，以及它们如何推动公司的发展和成功。

转型式变革。这种组织变革旨在为组织运作和组织方式带来重大的、根本的转变。这种类型的变革涉及引入新的战略、流程、系统和结构，以便改变公司的运营方式。

转型式变革通常被认为是激进的变革，因为它可能涉及彻底改革现有运营或者引入可能跨越多个部门的解决方案。这种类型的组织变革需要领导者和员工的高度承诺，因为它通常要求他们放弃传统的做事方式，以接受新的系统和程序。

渐进式变革。这种变革对组织的系统、流程和结构进行微小但有意义的变革。这种类型的变革通常与转型式变革截然不同，因为它涉及对现有运营进行渐进的、迭代的调整，而不是进行彻底的变革。渐进式变革可以帮助企业提高效率和成效。与转型式变革不同，渐进式变革侧重于小规模的、有针对性的调整。

补救性变革。这种变革涉及对组织现有的系统、流程和结构进行纠正或改进，以实现更高效和更有效的运营。这种类型的变革通常涉及排除故障和解决现有问题，以及实施有助于简化程序和消除低效率的策略。转型式变革和渐进式变革侧重于引入新战略和技术来推动增长，而补救性变革则侧重于解决现有问题，以提高运营效率和效果。

流程和系统变革。这种变革涉及对现有流程和系统进行调整以提高效率和成效。这种类型的变革通常涉及引入新技术、系统和工具，它们不仅能使运营更有效率，而且还会引入新的工作方式。

　　人与文化的变革。这种变革的重点是转变组织文化、价值观和行为，以提高效率和成效①。这种类型的变革通常涉及引入新的公司政策、程序和系统，以帮助创造一个让员工感到被支持、重视和赋能的环境。此外，这一类型的变革通常涉及激励员工做出他们必要的改变，以确保组织以最高效率运作。通过组织变革管理，领导者能够创造一种敬业、创新和协作的文化。

　　结构变革。这种变革致力于改变组织的结构方式，以提高效率和成效。这种类型的变革通常涉及引入新的政策、程序和系统，以帮助优化运营。此外，结构变革通常涉及重新组织部门和团队，以便更好地协调组织的目标和战略。结构变革还包括引入新的工作角色和调整现有的工作角色。通过引入新的工作角色，组织能够更好地分配资源，并确保拥有合适技能的人员处于合适的岗位。

　　并购型变革。这种变革涉及两个或两个以上企业的合并或收购。这种类型的变革通常将多个组织的资源、人员和运营合并到一起。并购可以作为推动企业增长和扩张的

---

　　①　在管理中，效率和成效是两个相互关联但又有所区别的概念。效率主要关注的是资源投入与产出之间的比例，即在一定时间内完成工作的速度和质量。而成效则更侧重于工作结果对组织或个人目标的实现程度，即工作是否达到了预期的效果。因此，一个有效的管理者必须同时关注效率和成效，以确保工作不仅高效完成，而且能够产生积极的结果。

一种策略。此类变革通常将每家公司的优势结合起来，以创建一个更强大的组织。

分拆型变革。这种变革涉及将组织拆分为两个或多个独立实体。当组织规模发展得过大，需要优化运营和简化结构以提高效率时，通常会采用这种类型的组织变革。

精简型变革。这种变革涉及缩小组织规模。这种类型的变革通常涉及削减成本和减少人员，以实现更高的效率和生产力。当组织需要将其资源集中在核心业务上时，或者当组织对于其当前结构和规模来说已经变得太大时，精简规模可以用作一项战略措施。

搬迁型变革。这种变革涉及将整个组织或部分组织搬迁到新的地点。这可能是员工、办公室和部门的搬迁，或将业务转移到另一个地区或国家。搬迁型变革可能很复杂，但通常会为选择实施这种变革的组织带来许多好处。通过将运营转移到新的地点，组织能够整合运营，降低间接费用，并提高其流程效率。除了节省成本外，组织的搬迁还可以进入新的市场和客户群，并在新的地点获得竞争优势。这种类型的变革使企业能够利用不同区域、文化和国家的新机遇。

企业会经历各种各样的组织变革。每种类型的变革都有自己的优点和缺点。企业在进行任何类型的变革之前，对影响企业的所有因素，无论是大是小，进行权衡非常重要。弄清各种不同的变革类型，有助于变革领导者根据企业的现状和条件选择最合适的变革方式。

变革战略的选择

变革战略是从整个组织的角度对于如何实行变革所做的战略性选择。变革战略使企业能够在不断变化的市场环境中有效地进行变革，它与变革管理策略一起，帮助组织实施转变或转型。

变革战略的选择对于企业的发展有着非常重要的意义。变革战略有许多类型，以下是一些常见的类型。

创新型变革与改进型变革。创新是一项大胆尝试新事物的活动，旨在挑战组织或行业的现状。改进则是一个循序渐进的过程，即做出改变，进行衡量，然后再次做出改变。这两种变革战略各有千秋。例如，一家创新型的新公司发明了一种新的商业模式，对行业中规模比它大得多的公司构成了威胁，该公司可能需要在营销和运营等方面迅速改进，以便在其他公司以同样的商业模式进入市场之前获得市场份额。

有计划的变革与应急的变革（随机应变的变革）。有计划的变革是预先计划好的变革。随机应变的变革或即兴的变革则是渐进式的变革。例如，一个软件开发项目可能会在前期花费数月时间规划数百个功能，然后在九个月内完成项目开发，这样一个版本的发布就需要一年左右的时间。或者，一个软件开发项目可以边开发边计划，每三周实施几个功能。这样就能快速启动工作代码，获得真实世界的反馈。

自上而下的变革与自下而上的变革。变革可以由组织的高层规划，也可以由组织的利益相关者发起。例如，一座城市可以利用城市规划、城市社会学和智慧城市技术等领域的"专家"来规划改进措施。此外，社区也可以发挥作用，可以让每个社区尝试不同的方法。这可能会赋予每个社区独特的个性，并提高纳税人对支出的满意度。如果某些方法行之有效，就可以在全市推广。

竞争均势型变革与竞争优势型变革。组织变革的目的可以是通过模仿竞争对手的产品、服务和流程来迎头赶上，或者也可以通过建立独特而有价值的竞争优势来引领潮流。

主动变革与被动变革、不变革。主动变革由组织的领导层对未来的预测所驱动。被动变革由事物的现状推动。不变革是什么都不做的战略选择。例如，如果你确信竞争对手的新战略会失败，你就不需要做出改变来挑战市场战略。什么都不做也是一种战略，因为它可以节约资源，还可能成为一种战略优势。

　　我们以一家在线零售商为例，说明变革战略的不同类型。一家在线零售商可能会遇到许多挑战，如网络安全、销售线索生成、定价、物流、营销和客户支持等。公司可以采取下面几种不同的变革战略来加以应对：

　　（1）如果采取创新型变革战略，公司可以通过销售新产品来确保和扩大市场份额。

　　（2）如果采取改进型变革战略，公司可以逐步增加产品种类，并通过相应的关键绩效指标来衡量其经营业绩。

　　（3）如果采取有计划的变革战略，公司可以研究市场上最成功的电子商务卖家，以帮助规划任何创新。

　　（4）如果采取应急变革战略，公司可以根据客户的评价做出改变。

　　（5）如果采取竞争均势型变革战略，公司可以通过模仿竞争对手，来提高自己的市场地位。

　　（6）如果采取竞争优势战略，公司可以通过不断创新产品，使自己比竞争对手更具优势。

　　总的来说，不同类型的变革战略各有利弊，最适合组织的变革战略取决于组织内外环境的变化以及自身的实际情况。对变革战略的选择也体现了变革领导者的大局观和超群的智慧。

【案例】从模仿到创新

2023 年，经过几年的沉寂之后，华为手机凤凰涅槃，面对西方的打压，再次焕发出勃勃生机，甚至震惊了整个手机市场，其"遥遥领先"的标签也标志着华为手机的再次强大。回顾华为手机的发展史，不难看出公司走的是一条从模仿到不断创新的变革之路。

起初，华为做 B2B 业务的交换机，不做 B2C 业务的手机。当华为看到诺基亚、摩托罗拉和中兴通讯等公司在手机业务上赚得盆满钵满的时候，决定进行战略性变革，向手机制造领域进军。2003 年，华为刚开始做手机的时候，业务模式是绑定运营商，为其开发定制贴牌手机。

过了一段时间，华为发现自己的手机业务一直萎靡不振，华为手机没有得到消费者的认可，知名度不高，公司一度想直接出售这块业务。所幸，当时华为的对标竞争对手中兴通讯在手机市场上做得风生水起，于是没有放弃手机业务。

2010 年 12 月，华为召开了一次重要的会议，决定不再走运营商贴牌的道路，打算建立自己的品牌。这次会议确定了华为手机新的战略方向。当时，小米的第一款手机在短短 3 个小时内就卖出 10 万台，这让华为公司重新燃起了对手机业务的希望，也开始走全面学习小米的道路，推出了华为的第一台荣耀手机。

然而，荣耀手机业务虽然也慢慢发展起来了，但没有在手机市场上一鸣惊人，性价比、内存、芯片等诸多方面都逊色于小米是最关键的原因。

华为决定改变业务模式，把苹果公司作为模仿对象。当时，几乎所有的手机厂商都希望成为苹果，而 iPhone 的工艺设计几乎被所有的手机厂商模仿，华为便是其中最狂热的一个。华为反反复复地研究苹果，结果发现用户其实从来都不关注产品本身的参数，他们更看重产品的质感，例如，苹果特有的金属质感和流畅的软件体验。照着这个模式，华为相继推出了 P7、P8、P9、P10、P20 等机型。

同时，华为还走高端路线，把产品线简化成了 Mate 系列和 P 系列，同时推出了 Mate 7 和 P7，而这两款手机都卖得很不错，这也让华为彻底站稳了脚跟。接着，Mate 8、Mate 10、Mate 20、P9、P10、P20 等机型，发货量只增不减。华为在高端市场逐步确立了 Mate＋P 双旗舰系列。

当华为快要迈入行业顶尖公司之列时，华为被西方国家制裁，被迫减产，甚至停产，市场份额丧失殆尽。然后，2023 年华为凭借自己研发的先进工艺芯片制造出了性能更强大的 5G 手机，具有独特的卫星通话功能，这也使

得苹果手机在中国市场的份额不断下降，而华为手机的
"遥遥领先"常常挂在华为粉丝的嘴边。

此外，华为从 2019 年开始自主研发的鸿蒙操作系统
正在崛起，鸿蒙生态也在稳步壮大。华为手机业务的创
新，也是整个华为公司持续变革的一个缩影。可以说，变
革是华为不断发展壮大的基因，没有持续不断的变革，就
没有今天这个"遥遥领先"的巨擘。

变革需要择时而动

变革时机的把握

为了有效地领导和管理变革，领导者必须首先了解变
革的必要性，否则可能很难制定解决根本问题和紧迫问题
的计划。通过了解导致组织必须进行变革的促成因素，企
业将更有针对性地解决这些问题。

变革的驱动力有的来自组织外部，比如新技术的发
展、行业的转变，或者新竞争对手的出现；有的来自组织
内部，如公司最高领导层发生重大变化。不管驱动力来自
哪里，变革要想顺利实施并取得最终的成功，把握好变革
时机非常重要。

企业领导者不要太过沉迷于变革，不能为了自己的政

绩或组织的形象而变革，为了变革而变革会得不偿失。如果时机不成熟，可以耐心地等待适宜变革的最佳时机；而一旦时机成熟，一定不能优柔寡断，而要果断采取行动，适时进行变革。

企业领导者需要知道何时是进行组织变革的最佳时机。那么，在哪些情况下企业需要考虑变革呢？我们从外部因素和内部因素两方面来加以分析。遇到下面这些外部因素时，组织就必须考虑适时变革：

行业正在发生深刻的变化。这可能包括新技术的出现并得到应用，以及新的商业模式正在改变行业的竞争态势和未来发展趋势等。为了自己的生存与发展，企业应该致力于根据其所在行业的现状和趋势进行有效的变革，以保持自己的竞争力。

你的竞争对手颠覆了游戏规则。竞争从来都不是一件坏事，你必须进行变革来适应新的竞争局势，确保不被淘汰出局，同时尽快打造自己的竞争力。

政府政策发生变化。无论是政府废除旧政策，出台新政策，或修改一项政策，都有可能影响到企业的经营活动，比如原材料的供应变化、用工制度的变化、商品进出口的管制等。政府政策的变化会促使组织改变自己的运作方式。

突发危机。危机可以说是一种灾难性事件，可能会导致特定市场突然发生变化，这可能包括劳动力减少、客户减少、供应链遭遇破坏或客户需求突然发生变化。变革可以帮助组织适应不断变化的环境，并在动荡中继续确保生产力和效率。

忠实的客户跳槽了。消费者可能善变，失去一两个算不上是一件坏事，但当你最大的或最忠诚的客户离开你时，你就应该做出改变了。你首先要向客户征求反馈意见，研究外界对你的业务所做的评论，接着也要询问你的销售团队有何看法，并重新审视你的产品，最后根据诊断结果做出适当的变革。

遇到下面这些内部因素时，领导者也需要考虑适时变革：

公司的业务停滞不前。你的团队已经竭尽所能，并充分发挥了自己所有的技能。这时候组织该做出改变了。也许你需要为你的团队注入一些新鲜血液，或者你需要通过培训来提升团队的技能。

组织绩效表现不佳。原因可能包括公司的产品进入生命周期结束阶段、竞争加剧或客户关注度下降。引入变革可以帮助组织制定提高绩效的计划。

你的财务预测出现了重大偏差。当你的财务状况看起来出问题时，你可以问问自己以下问题：你最初的预测准确吗？哪些外部力量和内部力量正在影响这些预测？当你有了这些问题的答案后，你可以努力解决有可能解决的问题，并制定变革计划来解决无法解决的问题。

员工士气一落千丈。当你的团队士气非常低落时，也许就是做出改变的时候。你有没有对你的员工进行过民意调查以获得反馈？如果有人因此离职，你有没有进行过离职面谈？有时员工离开，并不告诉你真正的原因。领导者首先要学会诊断，然后对症下药，做出应有的改变。

公司进行了并购。一般情况下，企业的收购会导致组织的员工或管理层突然发生变化。企业并购后，业务整合和文化整合势在必行。要实现协同效应，并帮助组织避免陷入混乱的泥潭，局部的变革或全方位的变革有助于并购交易的最终成功。

出现上述各种情形时，企业理所应当进行变革。那么，没有出现这些情形时，企业领导者是否要考虑变革呢？有些企业在业务处于上升期或者经营处于最佳状态时，很可能缺乏居安思危、主动变革的意识，而有些企业在辉煌时刻仍保持高度警醒，提前求变，不会等到危机来临时才匆忙寻求变革。前者可能会错过变革的最佳时机，在未来不得不变革时承受更多的艰难困苦和挑战。以战略变革为例，时机有三种选择：前瞻性变革、反应性变革，以及危机性变革。前瞻性变革，指领导者能及时预测未来的危机，并提前进行必要的战略变革；反应性变革，指企业变革时已经感觉到危机的脚步越来越近，并且已经为过迟变革付出了一定的代价；危机性变革，是指危机已经发生，大难临头，企业再不进行战略变革将濒临倒闭和破产。有远见的企业领导者会选择前瞻性变革，这样能避免为过迟变革付出代价。

由此可见，变革时机的选择非常关键，对于成功领导变革具有重要意义。英国著名管理学家查尔斯·汉迪（Charles Handy）提出企业持续增长的"第二曲线"理论，对变革的时机给出了指南。"第二曲线"的核心思想是：世界上任何事物的产生与发展都有一个生命周期，并形成一条曲线；在这条曲线上，有起始期、成长期、成就期、高成就期、下滑期、衰败期，整个过程犹如登山活动。为了保持成就期的生命力，就要在高成就期到来或消失之前，开始另外一条新的曲线，即"第二曲线"。汉迪认为，在"第一曲线"达到巅峰之前，找到驱动企业二次腾飞的"第二曲线"，并且"第二曲线"必须在"第一曲线"达到顶点之前开始增长，企业永续增长的愿景就能实现。开创企业发展的"第二曲线"，从本质上说就是进行重大变革。

比如，腾讯公司当年在自己的 QQ 业务如日中天时创立了微信，微信现在大行其道，影响力远远超过 QQ，也成为腾讯的"第二曲线"。华为也是一家善于寻找变革时机、持续探寻"第二曲线"的公司，其中最知名的案例是开辟了手机业务，将公司从 2B 业务延伸到 2C 业务，这样的业务变革为公司实现了"第二曲线"的增长。

一般说来，变革宜早不宜迟。当然，实施变革的时机取决于许多不同的驱动因素。你制定了一项组织结构的变革计划，并不意味着你明天就要开始实施，但也不能因等得太久而错过变革的大好时机。

【案例】汽车行业的颠覆者

美国的特斯拉公司是全球领先的电动汽车制造商，由埃隆·马斯克（Elon Musk）于 2003 年创立。自公司成立以来，特斯拉在短短十几年中给电动汽车领域带来了颠覆性变革，并成为全球电动汽车领域的领军企业，产品线覆盖了从高端豪华车到经济型家用车等多个细分市场。特斯拉以其创新的设计、卓越的性能和先进的电池技术而闻名，成为电动汽车行业的标杆。在埃隆·马斯克的领导下，特斯拉不仅仅是一家汽车制造商，更是一家科技公司，其独特的愿景和创新精神深深地影响了汽车行业及其他领域。

埃隆·马斯克一直怀有改变世界的愿景，他把加速世界向可持续能源的转型视为特斯拉的使命。他认为，传统燃油汽车对环境造成了巨大的损害，而电动汽车是未来的趋势。因此，出于对未来市场发展趋势的认识，特斯拉致力于推动电动汽车技术。其首款车型特斯拉 Roadster 于 2008 年推出，标志着电动汽车时代的开端。随后，特斯拉逐步推出了 Model S、Model X、Model 3 和 Model Y 等车型，不断改变着人们对汽车的认知。特斯拉电动汽车以其超长的续航能力、尖端的技术和时尚的设计而闻名。特斯拉从传统汽油动力汽车转向电动汽车，是汽车行业的一次重大变革，公司也获得了快速增长和巨大成功。

特斯拉以长远的眼光对待变革，专注于创新和颠覆，而不是简单地顺应市场趋势。公司采用敏捷的方式进行产品开发和项目管理，从而能够灵活、快速地适应不断变化的市场环境。特斯拉拥有强大的创新文化，这使其能够快速高效地开发和实施变革。公司鼓励员工打破常规思维，尝试新的想法，从而产生了多项改变游戏规则的创新，如电动动力系统和自动驾驶系统。

特斯拉在电动汽车技术上锐意革新，公司在电池技术领域的突破，使得汽车续航里程大幅增加，并构建了强大的充电基础设施，推动了电动汽车市场的快速发展。公司在太阳能领域投入巨资，于 2016 年收购了 Solar City 公司，一家生产家用和商用太阳能电池板的公司。特斯拉的太阳能电池板设计的目标是高效、耐用、可持续，重点是减少碳排放和推广可再生能源。通过收购 Solar City，特斯拉能够将太阳能技术整合到其产品线中，并为客户提供更完整的能源解决方案。此次收购还使特斯拉能够利用 Solar City 广泛的安装商和服务提供商网络，从而有助于加速特斯拉能源业务的增长。特斯拉战略收购的另一个例子是在 2019 年收购了麦克斯韦尔技术公司（Maxwell Technologies），一家专门开发能源存储解决方案的公司。此次收购是特斯拉提高电池技术性能和效率、降低电动汽车电池生产成本战略的一部分。通过收购麦克斯韦尔技术公司，特斯拉能够将其获得专利的超级电容器技术整合到电池生产过程中，这有助于提高电池的能量密度和使用寿命。这次收购还使特斯拉简化了电池生产流程，降低了总体生产成本，从而使其电动汽车的价格更加亲民，更容易为消费者所接受。

同时，特斯拉的自动驾驶技术也屡创新高，尽管仍在不断完善中，但已经引领了未来汽车行业的发展方向。公司创新和研发的自动驾驶系统利用先进的人工智能和机器学习，使特斯拉汽车具备自动驾驶功能。特斯拉的自动驾驶系统一直是该公司的一大特色，并帮助特斯拉成为自动驾驶汽车市场的领导者。

特斯拉在中国市场采取入乡随俗的做法。公司不但在上海建设超级工厂，还在上海生产的 Model 3 尾部打上了"特斯拉"中文车标。为了迎合中国消费者，特斯拉在营销方式上也下了一番功夫。特斯拉与中国的一些内容提供商签订了协议，比如影音平台（包括哔哩哔哩和阿里巴巴旗下的优酷），而游戏内容的提供商则是腾讯，提供包括在线麻将和两款扑克牌游戏。这也是特斯拉首次在车辆上尝试提供网络游戏。特斯拉首席执行官马斯克不止一次表达了对中国元素和中国市场的重视。他直言中国是最重要的电动汽车市场，希望特斯拉有越来越多的中国元素，甚至应该是一辆看起来完全中国化的汽车。

特斯拉已成为汽车行业创新和颠覆的代名词，不断因时、因地而锐意创新的变革精神使特斯拉能够在竞争激烈的市场中保持领先地位。

错失时机的代价

大公司未能适应不断变化的经营环境而遭遇失败的例子屡见不鲜。公司不能及时变革可能有各种不同的原因，有时是因为未能采取适当的变革策略，有时是因为公司内部对变革的抵制太多，也有时是因为领导者过于自以为是，无视外部环境和内部环境的变化，想当然地认为沿用过去的成功模式仍然会继续获得成功。

一个典型的例子是柯达公司。柯达在胶片和相机行业占据了几十年的主导地位，但由于业务转型失败而被市场无情淘汰。柯达通过销售模拟相机和胶片墨盒赚取了数十亿美元，但它忽视了数码摄影的兴起。颇具戏剧性和讽刺意味的是，柯达还是数码相机的发明者，最终却被自己的伟大发明所打败。1975 年，柯达的工程师发明了世界上第一台数码相机，然而没有得到公司高层的重视。柯达的高管们担心数码相机会削弱他们的胶卷业务，迫使公司卷入自己与自己的竞争中，所以他们对这项代表未来的技术所做的是遏制甚至封锁。此时，柯达的竞争对手索尼却看到了数码相机的巨大潜力，决定大力发展数码相机业务，并于 1981 年推出真正意义上的第一台数码相机，逐渐在市场中占据了主导地位。直到 20 世纪 90 年代，尼康、佳能等后起之秀也纷纷介入数码相机领域并开始风生水起的时候，柯达因为自己的业绩每况愈下，才尝试向数码相机转型：1995 年，柯达公司做出发展数码相机的战略决策；2000 年，柯达立誓成为数码相机行业的领导者；2003 年，柯达正式宣布全面向数码相机转型。但姗姗来迟的决策和犹疑不定的执行，让柯达早已错失了进军数码相机领域的最好时机，当时的市场竞争十分激烈，数码相机品牌越来越多，柯达开始艰难生存，自 2004 年几乎每年都在亏损。最终，这家 1981 年销售额达 100 亿美元的公司于 2012 年宣布破产。可以说数字成像这一颠覆性技术不但摧毁了柯达公司，也摧毁了柯达所在的整个行业。

柯达的案例给我们带来的启示是，当你注意到行业发生转变时，或当你发现自己的业务受到巨大冲击时，你不做出改变或延迟做出改变，或许将承担严重的后果。最好的做法是，及时评估自己所做出的选择和所期望的结果，以及外部因素会如何影响你的转型。

变革管理策略失败的原因看起来很简单。优秀的变革领导者应该学会分析变革管理失败的原因，无论是自己公司还是其他公司，努力从不成功的变革管理例子中学习，以避免公司犯类似的组织变革错误，自己在变革领导力上也能获得成长。

由于当今技术的更新比以往更快，企业的生存和发展压力也会更大。企业领导者必须比以往任何时候都更加警惕，对出现的任何变化都要保持敏感，要保持一颗面向未来的创新和变革之心。这样，不管发生什么重大变化，你都有思想准备，并且能及时制定出应对的措施。

变革离不开领导力

变革为何遭遇失败

众所周知，组织变革的失败率一向很高。即便企业能够适时进行变革，但研究显示，大多数变革都以失败告终。早在 1995 年，哈佛大学教授约翰·科特（John Kotter）就在发表于《哈佛商业评论》的一篇文章中，根据自己对许多企业的调研结果预测说，只有 30％的大规模变革项目能够取得成功。有人认为这是一种"空中楼阁"式的估计，但这种估计却获得了巨大的影响力。此后的进一步研究为科特的估计提供了更多证据。韬睿惠悦（Towers Watson）咨询公司 2013 年的一项研究发现，从长期来看，只有 25％的变革管理举措取得了成功。[①] 虽然这一数据并不令人震惊，因为在具有根深蒂固文化的组织中进行重大变革总是步履维艰。在过去的 10 年中，人们本以为领导者和组织会根据此类研究和其他实践经验，找出如何让变革更为成功的方法。但遗憾的是，成功率至今仍然保持在 30％左右，而由于种种原因，现在的变革比

---

① 这是韬睿惠悦公司在发布的调研报告 "How the Fundamentals Have Evolved and Best Adapt: 2013 - 2014 Towers Watson Change and Communication ROI Survey" 中提供的信息，报告网址为 https://magneto. net. au/wp-content/uploads/2018/07/2013-2014-change-and-communication-roi-study-towers-watson. pdf。

10 年前更加困难。变革的失败带来了沉重的代价，对组织变革产生了负面影响。企业不仅失去了机会，还可能浪费了自己的时间和资源，损害了自己的声誉。

导致组织变革失败的原因不尽相同。大量研究试图从失败的例子和教训中总结出领导者和管理者在实施变革过程中所犯的常见错误。了解这些错误可能有助于变革领导者有意识地进行规避，从而使自己的变革举措更有可能取得成功。各类研究人员找出的失败原因五花八门，可能是因为研究的侧重点不尽相同，但大致可以归纳为如下一些主要类别：

变革原因不明。当变革原因不明确时，变革往往不会取得成功。员工和其他利益相关者总是想知道变革的原因是什么。组织究竟为什么需要进行变革？变革领导者最大的错误之一是他们未能回答这些问题，这可能会引起员工的焦虑，并最终导致整个变革计划的失败。实现变革的第一步应该是向每个人解释你的变革方案，获得每个人或至少真正重要的人员的支持可以确保变革过程的成功。

规划不善。良好的规划对于组织变革的成功至关重要，糟糕的规划注定会导致任何变革举措的失败。如果没有精心设计而又适当的计划，结果很可能是错误的开始导致最终的失败。有效的变革规划和管理流程可以降低这样的风险，有助于按时实现组织变革的目标。

单向沟通。变革领导者经常犯的一个错误是与员工和其他利益相关者进行单向沟通，没有能够让员工和利益相关者参与进来。如果信息只来自高层，变革就不会发生。如果组织文化不能让人们交流思想和分享经验，就很难实施变革。变革领导者应该懂得双向交流的重要性，并在变革过程中加以运用。

资源缺乏。实施变革需要大量资源，比如技能娴熟的团队、可利用的时间、新的技术支持，以及最重要的一项——资金。如果组织缺乏这些资源并且无法管理这些资源，那么成功实施变革的可能性就较小。变革领导者必须在踏上变革之旅之前就确保可以获得所需的资源。因此，变革计划的成功在很大程度上取决于在正确的时间提供正确的资源。

培训不足。组织变革失败的另一个重要原因是缺乏针对员工的培训计划。组织经常忽视这样一个事实：要成功推动变革进程，员工必须具备一定的知识、新的技能和积极的态度。变革领导者必须根据员工的需求设计合适的培训计划，帮助他们度过艰难的变革之旅。与培养领导变革的员工能力所需的投入相比，整个变革计划失败的成本更高。

　　监控不力。检查变革实施的进展情况非常重要。因此，变革领导者需要一个有效且高效的监控系统来跟踪变革的进展。当组织缺乏有效的监控机制时，就会将变革举措置于风险之中。良好的监控机制并不仅仅是为了发现问题，而是为了采取措施去加以纠正并找到解决方案。监控可以提供有价值的信息，让人们了解哪些措施是有效的，哪些措施是无效的。很多时候，变革计划中缺少这种监控系统，组织不得不为此付出沉重的代价。

　　无法克服阻力。拥抱变革并非易事。抵制变革的原因有很多，但员工抵制变革的主要原因是担心未来的不确定性，害怕丢掉饭碗。成功的变革管理需要及时应对阻力。提前关注并努力给人们提供帮助，可以减少这种阻力。但是，如果变革领导者对阻力漠不关心，无法管理阻力，那么他们实际上就是失败的一方。他们应该首先了解抵制变革的具体原因是什么，然后就可以制定克服和管理阻力的策略。不能应对这种阻力，将会是他们承受不了的一大错误。

　　错误的优先事项。一方面，人们设想变革，实施变革，并付出努力使之取得成功。而另一方面，又是人在抵制变革，阻碍变革，使变革失败。因此，人是每个变革项目的核心。但有时，领导者会忽视这一事实，把所有精力都放在系统上。他们盲目地投资于开发技术,通过建立新系统来创造变革。让变革在组织中持续下去的是人,而不是技术或系统。为了使变革项目取得成功,变革领导者应优先考虑这一点。

缺乏领导力。每一次变革往往都是由一位领导者所倡导和领导的。正是由于富有远见和卓有成效的领导力,组织才能成功地进行变革和转型。通过不断支持和激励员工实施变革,领导者可以为组织带来改变。如果领导者没有准备通过倾听员工并给员工反馈意见来积极参与变革过程,那么现在就不是发起组织变革的合适时机。这意味着缺乏强有力的领导可能会导致组织变革的失败。

变革领导力

对于许多企业来说,变革举措的实施都具有挑战性,需要有效的领导者来帮助团队适应新环境,需要领导团队共同努力,推进变革战略的有效落地,并把失败的风险降到最低。可以说,变革领导力是在公司成功实施变革的一个重要保障。

那么,什么是变革领导力呢?变革领导力是引领个人、团队和组织完成重大组织变革或转型的能力,包括为理想的未来创造愿景,动员所有人员支持变革举措,鼓励管理层和团队成员之间相互协作,并促使人们采用新的思维方式、行为和流程。变革领导力并不局限于管理变革的后勤方面，它强调人性的一面，重点是激励人们拥抱变革，并赋予人们驾驭变革的能力。

企业在当今瞬息万变的商业环境中对变革孜孜以求，变革管理与变革领导力已经成为企业管理层经常挂在嘴边的时髦词汇。然而，人们或者将两者相提并论，或者混为一谈。作为变革领导者，要有效地领导变革与管理变革，就有必要厘清这两个关键概念的区别和相互关系。

谈到变革管理与变革领导力的区别，变革领导力大师约翰·科特在一则视频中给两者下了一个清晰而又简洁的定义。他解释说：“经常有人问我‘变革管理’和‘变革领导力’之间有什么区别，是否只是一个语义问题。这两个术语是不能互换的。实际上，两者之间的区别非常大。变革管理是大多数人使用的术语，指的是一套基本工具或结构，旨在控制任何变革工作，其目标通常是最大限度地减少变革带来的干扰和影响。而变革领导力涉及推动大规模变革的动力、愿景和流程。”[1]

根据约翰·科特的观点，变革管理与变革领导力两者

---

[1]　引述的内容取材于约翰·科特于 2011 年 7 月在福布斯网站发表的视频帖子 “Change Management vs. Change Leadership-What's the Difference?”，网址为 https://www.forbes.com/sites/johnkotter/2011/07/12/change-management-vs-change-leadership-whats-the-difference/? sh=31893e234cc6。

相互关联，但概念并不能互换。一般来说，变革管理是指控制变革工作的一套基本工具和结构，而变革领导力是指利用人员、愿景和流程的力量来实现大规模、可持续变革的能力。事实上，变革管理与变革领导力又是互为补充、缺一不可的关系。变革管理至关重要，但变革领导者必须推动变革管理才能取得成效。变革管理通常涉及一些小的变革（如流程改进），这些变革有助于实现更大的目标。而变革领导力将引导组织走向新的目的地，调动资源促进变革。这将为整个过程注入动力，激励利益相关者接受变革。变革管理更为常见，因为它围绕着最大限度地减少错误和克服变革阻力展开。变革管理既要推动变革进程，又要确保一切都在掌控之中。通常，变革领导者应该去监督变革过程，确保变革有序进行。变革领导力是一种引擎，事关那些想把事情做成的人，并以推动变革的紧迫感为基础。它还关系到远大的愿景，以及如何让团队实现这些愿景。变革领导力放权更多，控制更少，并且有一位可以信赖的技能娴熟的领导者。虽然大多数人都能管理变革，但领导变革需要一套独特的技能。这可能是变革面临的一大挑战，一些组织的失败已经证明没有人特别擅长于此。

　　虽然变革领导力聚焦于更大的举措，但这并不会削弱变革管理的重要性。事实上，要想生存，就必须同时掌握这两个方面。如果没有变革领导力，公司就无法实现重大飞跃，员工也可能无法清楚地理解和支持变革的愿景；而如果没有有效的变革管理，人们可能会在实施变革和将其付诸实践方面陷入困境。从本质上看，变革管理和变革领导力应该是相辅相成的关系，但领导变革比管理变革发挥着更大的作用。以人为中心的变革领导力会深深影响着变革管理。

变革领导力已成为组织生存与发展的关键。变革领导力的角色正在悄然发生变化。过去，当我们听到"变革领导力"这个概念时，它只是少数人（如高层管理人员或变革经理）的能力；但在当今快节奏和颠覆性的商业环境中，这种情况已不复存在。许多组织变革的经验告诉我们，在实施新理念或变革时，经常面临的一些最大挫折和挑战就是缺乏变革领导力，变革需要一种从普通人员到管理层的全面能力。无论每项计划成功与否，有一个因素始终是最重要的，那就是——变革领导力。在如今颠覆性的商业环境中，变革正在加速发生，要求我们比以往任何时候都要更快更好地做出反应。而要做到这一点，我们所有人都必须具备变革领导能力和变革思维方式，才能在自己的影响范围内灵活而干练地驾驭变革。人们经常容易犯的一个错误是，认为领导角色严格来说只属于"领导者"，这使得许多普通人员无法承担起自己的责任，成功领导和推动变革获得预期成果。今天，领导和应对变革的能力已成为每一位领导者、创新者、管理者、项目经理、变革实践者或团队成员都必须具备的核心能力，当然，他们也都希望在自己的岗位上和组织中产生重大影响。

对于上述这些人员来说，他们的变革领导力体现在如下方面：以身作则，尽快适应新的工作方式，并激励他人也这样做；与团队成员开诚布公地沟通；发现变革障碍并找到创造性的解决方案；激励自己和团队成员帮助推动变革，早日实现变革的目标；在转型过程中勇于冒险，努力创新；尽可能为下属提供支持。

变革领导力对于重大战略变革尤其重要。在当今这个信息时代，实施数字化转型已是大势所趋。许多企业发现"在线存在"很重要，因为通过社交媒体平台和互联网很容易接触到消费者。让企业保持在线存在感的方式包括建立在线平台（比如网站、博客、社交媒体资料），以及其他讨论或引用你的地方（比如评论网站、新闻报道文章）。由于向数字平台的过渡是一项重大举措，变革领导力对于确保有效变革至关重要。在此变革过程中，企业高层领导者通过创建数字化平台与团队成员沟通公司的目标，并解释宣传进行此项变革的好处和重要性。

　　国外的研究人员发现，有三种技能结合起来会成为有效的变革领导力。这三种技能被称为"3C"领导技能，即沟通（communication）、协作（collaboration）和承诺（commitment）。首先，管理人员需要与团队成员进行公开沟通，解释公司正在做出哪些变革，为什么需要进行这些变革，以及变革带来的各种好处等。及时有效的沟通可以为变革创造更强的紧迫感和支持力度，帮助团队成员在完成变革任务时更加愿意合作。例如，如果一家公司正在更新其技术系统，那么高管们可能会解释说，团队成员有一项分配的任务，即学习如何使用新应用程序来提高工作流程效率并帮助公司保持竞争力。其次，管理层与团队和个人互相协作，对于变革的成功至关重要。高管层可以让团队成员尽早参与决策，这有助于变革时进行协作。当团队成员感觉自己成为某个项目的一部分时，他们更有可能全身心投入其中。管理者应鼓励所有部门的所有团队成员在变革过程中共同努力。最后，管理人员应该确保自己的一言一行都在支持变革。当企业各级领导者投入时间和精力来支持变革时，他们会使变革过程更加高效。他们负责在公司尝试变革时激励和管理团队，变革的成功取决于团队的适应能力和齐心协力。

　　以上更多涉及的是广义上变革领导者的概念，而狭义上的概念一般指企业最高层的变革领导者。企业最高层的变革领导者应该做什么，这是本书的重点，我们将在下面的各个章节中详细论述。

变革领导者的角色

变革领导者是组织变革领导力中的核心人物。变革是很困难的，会对变革领导者的决心和意志带来两方面的严峻考验：一是外在的牺牲，因为变革会对其原有的地位、权力、名誉等方面产生冲击；二是内在的冲突，因为在变革中，领导者不得不进行自我改造，而在自我改造的过程中，他必将经历一定的心理冲突。成功的变革领导者具有挑战自我的积极心态，愿意走出自己的舒适区，将更多的时间投入变革工作，并专注于大局；而不成功的领导者不愿意迎接挑战，表现出消极情绪，进行变革也会没有耐心、毅力和韧性。

变革不会自行发生。有效的变革领导者会从头到尾引领、指导和管理整个变革过程。在了解变革的必要性后，卓有成效的变革领导者会为自己所寻求的变革提供理由，其中可能包括评估业务环境，了解变革的目的，制定清晰的愿景和期望的结果，以及确定共同的目标。不成功的领导者可能对这些任务的关注不够，无法就目标达成共识。成功的变革领导者会制定恰当的战略和明确的行动计划，包括优先事项、时间表、任务、结构、行为和资源，并确定哪些方面会发生变化，哪些方面会保持不变。不成功的领导者不会充分倾听人们提出的问题和担忧，也不会从一开始就定义什么是成功。将战略转化为执行是领导者应该做的最重要的事情之一。成功的变革领导者专注于让关键人员担任关键职位（或在某些情况下将其撤职），会将大项目进行分解，以取得早期胜利并建立发展势头，并且还会开发指标和监控系统来衡量进展。不成功的变革领导者有时会开始进行微管理，陷入实施细节之中，而未能考虑更大的局面。

虽然正式的变革过程可能很容易理解，但太多的变革领导者忽视了变革过程中最重要的人性方面。最有效的变革领导者会投入大量精力尽可能让每个人参与进来，并懂得无论变革举措进展得有多快，人们都需要时间来适应变革。他们知道如何对抗变革中的疲态，并鼓励人们拥抱变革。成功的变革项目有一个特点，那就是领导者会为员工取得成功消除障碍，其中包括个人障碍（例如受伤的自尊和失落感）和工作障碍（例如执行变革计划所需的时间和资源）。而在不成功的变革中，领导者只会关注结果，因此员工得不到变革所需的支持。变革的影响力不仅涉及获得推动变革所需的承诺，还涉及找出关键的变革推动者。

有效的变革领导者会确定关键的利益相关者，包括董事会成员、最高管理层、大客户等，并向他们传达变革的愿景。不成功的领导者则更有可能避开某些利益相关者，而不是试图影响他们。成功的变革领导者从不认为他们拥有所有答案，他们会提出很多问题并收集正式和非正式的反馈。各种反馈意见使他们能够在变革过程中不断进行调整。不成功的变革领导者也许没有提出尽可能多的问题或收集准确的信息，这使得他们在变革过程中不能做出适当的调整。

成功的变革领导者一般会做好如下这些事情：

确定愿景和战略。变革领导者通过目标激励人们，因此会明确愿景、使命和价值观。变革领导者密切关注行业的发展方向，并制定战略计划。他们不会迷失于处理当前的问题，而是会腾出时间来思考未来发展之路上将要遇到的问题。变革领导者会思考下一步该怎么走，以及自己的工作重点在哪里。

挑战现状。领导变革是一项挑战现状的运动，因此，变革领导者会留出更多的空间来尝试新模式和测试短期有可能失败和犯错误的策略。他们会为这些失败做好准备，他们知道在对错误零容忍的工作文化中，变革领导者难免会失败。变革领导者的目标是创新，这就意味着没有最佳实践来指导他们。变革领导者能够从容应对不确定性。他们好奇心强、思想开放、意志坚定。他们关注重大趋势，并早在团队陷入困境之前就为公司做好了充分准备。

培养变革思维和变革精神。尤其是对于长期变革，变革领导者会激励自己的团队并肩作战，从而克服各种挑战。在变革领导者激励人们去挑战自认为不能完成的任务时，领导者会关注员工的心态，了解什么能让他们做出承诺。换句话说，管理者会教人们掌握技能，而领导者则会教人们转变思维。变革领导者会赋能自己的团队，让大家感到有能力去胸怀大局，着眼未来。他们鼓励人们提出新的倡议，并及时提供反馈意见。当混乱和不确定性袭来时，他们拥有能够协同工作的信赖关系。

建立强大的关系网。变革领导者深知，没有人会知道所有的答案。于是，他会认识到建立一个由志同道合者组成的关系网的重要性，因为只有这样，他才能跨国界、跨行业、跨部门地开展工作。在缺乏稳定性和可持续性的今天，变革领导者会通过说服人们拿出他们独特的技能和资源，帮助自己拥有更多的声音、更独特的观点。人们被凝聚到一起，并感到与生俱来的联系。这种实实在在的关系网会使变革举措实现更大的飞跃，并长期获得回报。

利用数据去拥抱变革。工作场所正变得越来越以数据为导向。领导者会更早地洞察事物，更频繁地修正方向。他们能够适应变化，并帮助团队应对变化。如今，几乎每家企业都是数字化企业，或者至少都有数字化元素。领导者掌握了更多的数据、先进技术、人工智能和数字工具，他们在理解和利用数据方面越来越成熟，这为他们带来了新的视角和令人兴奋的机遇。未来属于那些能够收集有价值的数据并愿意尝试各种想法的人。

变革领导者应该认识到，领导人们完成复杂的变革具有极大的挑战性，所有变革，即使是成功的变革，都会付出一定的代价。变革可能会耗尽员工的精力，领导者也会如此。这就是为什么成功的变革也需要韧性，领导者也需要增强领导变革的韧性。

关于在整个变革过程中变革领导者应该如何做好每一件具体事情，我们将在接下来的各个章节对此加以阐述和讨论。

【案例】"七变四"的组织变革

大联大控股集团是中国台湾地区致力于亚太地区市场的国际领先半导体元器件分销商。在公司发展如日中天的时候，半导体元器件分销行业正在发生深刻的变化，产业的出货形态在变，产品也在变：2010 年之前，半导体元器件主要用于 GSM 手机（俗称"全球通"手机），但在 2010

年之后，智能手机、平板电脑等所占比重越来越大，这对渠道商产生了巨大影响。大联大旗下各子集团的传统优势开始式微，而某些新的领域又没有赶上，或者布局不够深远。随着大联大控股集团经营规模的迅速膨胀，以及整体产业结构的改变，公司整体营运绩效自2011年开始出现阶梯式下滑。

2013年7月，大联大宣布启动内部组织合并重组工作，将旗下的7个子集团整并成4个集团。内部子集团的整并，着眼点是业务模式与产品线的整合，通过资源互补以及对营业费用的有效管控产生更大的内部整合综效，同时也对经营绩效未达标准的事业体或产品线做一次彻底的重组。在此基础上，大联大还决定成立海外事业群，统合非大中华地区业务。

大联大董事长黄伟祥把此次大规模的整并活动交给新任首席执行官叶福海来领导。叶福海是一位职业经理人，早年曾担任美国电子分销商艾睿电子（Arrow Electronics）的中国台湾区总经理，2005年至2006年担任大联大控股的董事，2013年7月1日接过黄伟祥的班，继任大联大首席执行官。叶福海成为大联大新时期的变革领导者，担负起组织变革的重任，这标志着大联大控股的决策者开始从创始人转变为职业经理人。

　　2012 年 7 月，大联大董事长黄伟祥带领子集团的负责人讨论如何进行组织变革。当时一家子集团的负责人叶福海说："讨论是一个蛮痛苦的过程，实际上我们大概花了整整半年的时间。后来，我们请了 IBM 公司的顾问团队，从策略、组织上看应该怎么做，最后才达成了共识。"至于把七个子集团整并为几个集团，讨论中出现了很多不同的意见，有人主张"七变二"，有人主张"七变三"，也有人主张"七变四"，因为每个子集团会不可避免地站在自己的立场看问题。在对市场的重叠性、产品的重叠性问题，以及如何使大联大变得更有效率等因素详加考虑之后，为了在变革的过程中不发生剧变，又可达到一个阶段性的转变目的，经过九个月时间的讨论，大家最终认同了"七变四"的变革方案——用叶福海的话说，这是"一个协调出来的产物"。这样，大联大的七个子集团就变成四家规模大小差不多的集团公司。

　　变革方案的讨论还涉及一个组织结构的话题。在 2013 年之前，大联大的董事长和首席执行官由黄伟祥一人兼任。讨论中，大家希望董事长不要再兼任首席执行官，应该找一个专职的首席执行官来负责运营、进行变革，而黄伟祥也表示认同。黄伟祥找到的继任者便是叶福海。

　　大联大在 2013 年确定了"七变四"的运作模式后，

组织变革的领导者叶福海首先提出了"书同文，车同轨"的口号。"书同文"，即把很多系统变成一套系统，大家讲的语言只有一种；"车同轨"，即对很多能统一的制度进行统一，成为所有人认同的一套制度。叶福海着手建立被称为"One System"的统一的系统和制度。One System 包括：同一地点办公、IT 的同一套 ERP 系统、后勤的同一套仓库管理系统、财务的同一套报表系统，以及人力资源的同一套"显性"体制，如上下班时间和婚假等。

从 2013 年到 2014 年，大联大花了一年半时间把四套系统变成一套系统。自 2015 年 1 月开始，公司着手做 ERP（enterprise resource planning，企业资源计划）系统的优化工作，重新检测原来其他系统的好处，把它们优化进来。除了 ERP 系统，值得一提的还有对大联大的报表系统（BI）进行了规范。比如首席执行官报告（CEO report）的模板，连颜色都不允许更改，规定用蓝色就要用蓝色，规定用红色就要用红色，充分体现了"书同文"式的规范。财务报表的规范也非常清楚，虽然是四个集团，但报表很容易整合到一起。叶福海带领团队，花了很大工夫，把过去几乎做不到的事情做成了。

2013 年之后，大联大采取了"书同文，车同轨"的举措，规章制度逐步统一为一个。虽然各个子集团在运营上依然保持独立，但是有些制度开始统一，如子集团对客户的合约的统一，这有助于大联大控股未来的发展；而后端做到了标准化，并且进行了优化。

大联大董事长黄伟祥和首席执行官叶福海都认为，公司的变革是一个持续的动态演变过程。在这个变化的过程中，大联大将会在组织能力建设、人才管理、领导力开发等诸多方面面临挑战。而作为变革的主要领导者，他们带领大联大成功战胜了变革道路上的一个又一个的挑战。

变革锦囊

（1）当今社会正在发生的数智化革命几乎对各类企业的经营环境、组织形态以及可以利用的技术带来了深远的影响，变革领导者必须对这样的变化保持高度的敏感，并用战略的眼光和创新的思维看待组织的未来发展。

（2）企业要应对经营环境发生的巨大变化，往往需要进行组织变革；但在当今瞬息万变、充满变数的"乌卡"时代或"班尼"时代，变革遇到的挑战将更为艰巨，领导者必须对此做好思想准备。

（3）领导者必须拥有变革的勇气和魄力，因为变革虽然面临着各种风险和挑战，但给企业带来的益处也是不容忽视的，比如可以激励组织不断创新，抓住新的发展机遇，改进组织落后的流程和产品，以及吸引并留住宝贵的人才。

（4）变革领导者必须了解常见的组织变革类型，比如从变革的程度上看有转型式变革、渐进式变革、补救性变革等，而从变革涉及的领域上看有流程变革、系统变革、文化变革、组织结构变革等。这有助于领导者根据组织的实际情况选择更为合适的变革类型和变革战略。

（5）选择合适的变革战略对于企业的生存和发展具有重大意义，不管是创新型变革还是改进型变革、有计划的变革还是应急的变革、自上而下的变革还是自下而上的变革、竞争均势型变革还是竞争优势型变革、主动变革还是被动变革或不变革，不同类型的变革战略各有利弊，对组织来说最合适的战略就是最好的战略。

（6）组织的变革受外部因素和内部因素驱动，领导者要善于把握组织变革的最佳时机。如果你所在的行业正在发生巨大的变化，如果你的竞争对手正在改变游戏规则，如果政府出台的新政策影响了企业的经营，那你就需要认清形势，抓住机遇实施变革；如果企业的业务遇到了发展瓶颈或进入平台期，如果组织的绩效持续下滑，如果组织的财务出现了严重问题，如果企业的员工士气低落影响了正常的经营活动，那你也需要考虑进行组织变革。

（7）变革的成功率历来不高，而变革领导力是成功实施变革的一大保障。拥有变革领导力的领导者不仅能够有效地领导和管理变革的过程，而且能够在此过程中充分地激励人们拥抱变革、实施变革，并赋予人们变革所需的一切技能和资源。

（8）变革领导者必须谨记，自己是组织变革领导力之中的灵魂人物，与组织一样，也会在变革过程中经受各种严峻的考验，尤其是决心、毅力和韧性。卓有成效的变革领导者会扮演好自己的变革角色，自始至终引领、指导、管理整个变革过程。

第 2 章

凝聚共识：
奏响变革协奏曲

变革领导者一旦做出变革的决策，就开启了变革的旅程。在这个旅程中，他和他的团队必须做好变革管理的每一个环节，而且要自始至终运用领导力去取得变革的成功。在领导变革的过程中，变革领导者是推动变革有序开展的核心人物，承担着最大的责任和压力。在引领变革的整个过程中，他必须做好许多事情，比如他首先需要构想一个美好的变革愿景，并制定相应的变革策略、变革计划和变革流程，然后必须与所有利益相关者进行沟通，在整个组织中达成共识，把人们凝聚在一起，这样才能顺利带领组织走上变革之旅。

变革计划与变革愿景

构想完善的变革计划

我们做任何事都应该事先制订计划，领导和管理变革也不例外。变革计划，通常也被称为变革管理计划。变革计划是一份精心制作的文件，用于为实施变革措施提供详细、循序渐进的策略，并确保受变革影响的个人和企业平稳过渡。

制订变革计划的目的，就是为了提供必要的书面信息，以便在从变革项目开始到完成的整个过程中有效地进行管理。变革计划应该在项目规划阶段制订，其目标受众是项目经理、项目团队、项目发起人以及需要为执行计划提供支持的任何高层领导者。

一般来说，变革计划包含如下这些关键要素：

- 对变革项目的精确描述

- 为什么要进行变革的背景和环境

- 预期的受影响领域和人员

- 清晰的愿景和目标

- 变革的管理策略

- 参与领导和管理的各级人员、身份、角色和责任

- 所需的资源和预算

- 变革的行动计划，尤其是沟通计划、变革阻力应对计划，以及培训计划

- 变革的进程时间表（里程碑）

- 跟踪和监测变革成果（指标）和行动（任务）进展情况的流程

- 如何有效地进行改进

变革项目有大有小，大项目涉及更多的要素，而小项目因为比较简单容易，可能涉及的要素相对少一些。在制订变革计划的时候，领导者可视具体的情况选择不同的核心要素以及最相关的要素。

创建动人的变革愿景

能够打动人的愿景是推动组织变革的关键之一。变革愿景展示了组织变革后的未来如何比现在更好。但是，什么才是有吸引力而且强大的愿景呢？领导者如何为组织创造一个愿景，激励人们同心协力去实现变革呢？

组织变革的愿景通常以愿景声明的形式出现。愿景声明是对组织所期望的未来状态的一种简短而清晰的描述或陈述，或者说描绘出一幅与现在截然不同的未来图景。它为组织提供了一个明确而又鼓舞人心的方向，并提出了实现这一愿景所需进行的变革。愿景声明应该是雄心勃勃的、可以实现的，并且应该以组织的核心价值观为基础。愿景声明还应定期审查和更新，以确保有效性，并能激励员工和其他利益相关者共同努力，用实际行动去实现组织的目标。

创建愿景声明可能是一项挑战，但非常值得付出努力。如果精心设计，愿景声明可以成为组织变革的强大工具，成为塑造组织未来的指南。任何成功的组织变革都始于清晰的愿景。愿景声明可以作为路线图，指导变革过程，让每个人都站在同一立场，也有助于确保所进行的变革与组织的总体目标和价值观保持一致。如果没有愿景声明，就很容易迷失在变革过程的细节中，看不到大局。愿景声明提供了一个变革急需的聚焦点，帮助参与变革过程的每个人保持专注和动力。简而言之，愿景声明对于任何成功的组织变革都是至关重要的。

强大的组织变革愿景具有一些鲜明的特征：它需要让人们乘上想象的翅膀，憧憬实施变革所带来的组织未来的宏伟蓝图；它是人们所渴望的境界，具有情感吸引力，并显示出长期利益；它是切实可行的，具有现实的且可实现的目标；它的内容很聚焦，清晰简洁，容易理解；它应该是灵活的，以便能够加以调整和更改；它应该是很容易传播的，可以在五分钟内传播给任何人。

为组织变革创建强大的愿景也是需要一些技巧的。如果根据以下这几个步骤去做，你将更有可能游刃有余。

定义你希望自己的组织成为什么样的组织。组织变革的愿景是组织努力实现的长期目标或期望的未来状态。组织成员之间拥有共同的愿景非常重要，这样每个人都可以朝着同一个目标努力。愿景应该是具体的、可实现的，但也应足够雄心勃勃，足以激励那些为实现这一目标而努力的人。从根本上说，愿景应该是组织中每个人都可以支持和相信的东西。为组织变革创建一个共同愿景可能是一个困难但非常有价值的过程，它能将人们聚集在一起，集中精力和资源，并最终创建一个更加成功和可持续的组织。

确定实现目标所必要的步骤。每个组织都有变革愿景，无论是提高生产力、降低成本还是提高客户满意度。然而，如果没有明确的计划，实现这一愿景可能会很困难。首先，要评估组织当前的状态，并确定需要改进的领域。其次，一旦确定了需要改进的领域，根据组织的资源和制约因素制定一个变革路线图就很重要。该路线图应包括每个目标的具体里程碑和时间表。最后，必须制定清晰的沟通计划，确保组织中的每个人都了解变革愿景，并了解他们在实现这一愿景中扮演的角色。遵循这些步骤，组织可以增加成功实现变革愿景的机会。

制定实现愿景的时间表。为组织变革设定时间表有助于确保愿景得以实现。通过分解实现愿景所需的步骤，你可以创建一个路线图，使组织保持在正确的轨道上前进，并帮助你衡量进度。此外，设定时间表有助于让每个人保持一致，并确保都朝着同一个目标努力。当然，组织变革可能是一个复杂的过程，在此过程中可能会遇到不可预见的挑战。然而，通过设定时间表并关注进度，你可以增加实现组织变革愿景的机会。

作为组织的领导者，能够有效地将自己的变革愿景传达给团队的所有成员非常重要。变革领导者必须知道如何向员工和其他利益相关者传达他们的愿景。讲故事是向他人传达愿景的有效方法之一。好的故事能够建立情感联系并对听众产生持久的影响。在各种能够宣讲的场合，变革领导者都可以花上几分钟时间讲述一下自己的愿景故事。

制定有效的变革策略

任何一位头脑正常的企业领导者都不会没有制定清晰的业务战略就贸然参与市场竞争，但许多人却在没有清晰变革策略的情况下去进行巨大的变革，难怪有那么多的变革努力未能产生预期的投资回报。业务战略决定了企业需要变革的内容，而变革策略则明确了如何实现这些变革。制定有效的变革策略可以加快变革速度，降低变革成本。变革策略，通常也被称为变革管理策略，会提高你的工作效率，加快你的启动速度，去除不必要或多余的活动，并让你的员工以最佳状态参与其中。

三大关键方面

全面的变革策略涉及变革的三个关键方面：内容、人员和流程。

变革策略的"内容"方面是指组织中需要变革的东西，比如战略、结构、系统、技术、业务流程、产品、服务或文化。变革策略的"内容"方面描述了正在设计和实施的业务解决方案，通常最受领导层关注。

变革策略的"人员"方面包括员工对变革的情绪反应，应对未来状态所要求的思维方式、行为和文化方面的变化，如何让员工参与设计和实施，以及如何确保对变革的承诺和具备变革能力。人员策略与变革内容同等重要。如果你的员工没有准备好、不愿意并且不能做出改变，你的业务解决方案将永远无法成功实施。大多数变革举措的失败都是因为缺乏对人员动态的关注或欠缺应对技巧。通常情况下，领导者会将这些问题委托给人力资源部门，而人力资源部门会将这些问题与变革内容分开处理。这种做法是行不通的。关注人员动态应作为变革内容设计和实施的一个组成部分。

变革策略的"流程"方面勾勒出了一个高级的路线图，将你从现在的位置引导到需要到达的位置，以实现变革的成果。流程为变革的成功奠定了基础，能够指导你设计合理的解决方案，对这些解决方案进行测试和规划，然后实施变革，直至变革结束。在此过程中，领导者要注意所有的人员和文化问题。成功的关键在于有意识地设计变革流程，去解决所有的内容问题和人员问题。

几个核心要素

变革策略包含涉及内容、人员和流程的诸多核心要素。当然，并非每项变革都需要关注所有的要素，领导者要根据变革的类型和规模进行调整。

价值观和指导原则便是其中的要素之一。变革是把好的想法或新的方向变成现实。所有的变革都是从概念到落地的过程，在这个过程中，变革会变得越来越具体。组织的价值观和指导原则推动着你去设计新方向，构成了变革的文化基础。变革过程必须反映和体现组织未来的价值观和原则，否则人们就不会相信变革是真实的。在变革过程中，你必须确保你的价值观和原则对一切变革活动产生切实的影响。领导者需要在变革战略中展现这些价值观和原则，并在整个变革过程中让人们时刻不忘。

变革治理也是一个核心要素。要确定如何管理变革，需要明确变革领导角色，建立一个可识别的变革治理结构来监督变革工作，阐明如何做出与变革相关的决策，明确变革结构将如何与组织现行的运营相结合。这四项行动是整体变革"基础设施"的关键要素。通过变革沟通，它们可以向你的组织展示变革的重要性，以及你正在以明确的角色和权力领导变革。

领导者需要识别各种变革行动，将其整合为一个统一的变革计划，从而解决组织和技术的重大变革，以及组织所需的人力资源和文化变革。将这些变革举措整合为一个统一的主题，可以向组织展示所有措施是如何相互配合以实现变革的集体成果的。这一要素将有助于简化变革的规模和复杂性，并澄清令人困惑的、相互矛盾的或不相关的变革工作。

你的变革倡议与组织内正在进行的所有其他变革的匹配性和优先性也是需要注意的要素。即便你的变革是整个企业范围的，组织内也可能正在发生其他大型变革。这一要素明确了你的工作在所有组织事项中的优先排序。理想情况下，你的变革工作的优先级将与它的重要性和所分配的资源相匹配。这一要素的目的是明确你的变革工作如何符合并支持组织的业务战略要求。

如果你的变革意义重大，或者要求目前仍然成功的组织改变方向，你可能需要采取一些激进的行动，让人们意识到新方向的重要性。大胆行动这一要素是高度可见的、打破常规的举动。高层领导者确定大胆的行动是非常重要的，而同样重要的是他们要去实施这些行动，以产生预期的影响。这方面的例子包括出售一条业务线，撤销整个组织的一个层级，或重新分配大量资源。大胆行动应该是变革战略中深思熟虑的一部分。

除上述的核心要素之外，制定自己的变革战略时需要考虑的要素还包括多项目整合策略、全方位的沟通、利益相关者的积极参与、变革加速策略、调集所需的各种资源，以及制定包含里程碑和时间表的变革流程路线图等。

制定变革管理策略

变革应该是为实现企业目标而进行的系统性的、深思熟虑的实践举措。良好的变革愿景可以为变革的顺利进行开一个好头，但仅仅有变革愿景还不够。如果企业在实施变革之前没有进行周密的规划，那会怎样呢？最终的结果可能是一片混乱，或者组织变革彻底失败。拥有一个行之有效的变革管理策略，对于变革的最终成功同样关键。下面我们将介绍什么是变革管理策略，变革管理策略的主要特点，以及如何制定变革管理策略。

一般来说，变革管理策略是通过评估风险和收益来解释变革目的和确定变革方向的一个工具，旨在减少变革事件可能带来的任何负面影响，同时最大限度地发挥变革的效益。变革管理策略有助于指导变革领导者和管理者制订变革管理计划，从而提供在变革举措下要执行的所有具体活动。为了有效执行变革管理策略，各利益相关者必须能够识别何时需要变革、批准变革、实施变革，以及监控变革以验证其是否产生了预期影响。

一个组织的变革能否顺利推进取决于其员工和利益相关者是否了解变革的目的和变革的原因。同样重要的是，要知道哪些是新的角色和职责，以及实施变革需要哪些资源。良好的变革管理策略可以解释所有这些关键问题，在变革过程的早期制定这种策略效果最佳。

变革管理策略的关键特征通常具有以下一个或多个方面：

系统地考虑和应对变革之中人的因素。任何变革过程都会产生人际关系问题。员工可能会被要求承担新的责任，这就需要培养新的技能和能力。成功的变革战略通常包括结构化而又灵活的变革管理方法，彻底解决变革可能带来的所有潜在的人际关系问题。

让各级领导者参与进来。成功的变革管理策略通常包括确定组织内部领导者的计划。该策略必须概述谁将是不同层级的变革推动者，以及他们将如何为实施变革做出贡献。这种策略的重点应是下放变革规划和实施变革的责任，以便变革在整个公司得到传播推广。

注重清晰、及时和前后一致的沟通。最有效的变革管理策略是通过持续、及时的沟通来实施变革过程。沟通通常在变革发生之前就已开始。沟通的目标应该是阐明变革的迫切需求，并为决策提供路线图。除此之外，还应创建不同的沟通方法，收集员工意见和反馈，并分享信息。

认识到组织文化的重要性。一项好的策略应审视组织文化，并能反映组织对变革的准备。这将有助于发现挑战和争议，凸显对利益相关者是否接受变革造成影响的外部因素和内部因素。然后，领导者可以利用这些见解来指导变革管理过程。

　　为应对突发事件做好准备。变革项目永远不可能完全按照计划进行。有效的变革管理策略通常需要不断地重新评估战略的效果，以及组织实施下一阶段变革的意愿和能力。因此，一项好的变革战略必须有一个变革管理的应急计划。

　　让关键参与者成为变革的主人。变革管理策略支持主要参与者的自主权。大规模的变革举措需要领导者做好准备，承担起在其影响范围内实现变革的责任。让个人参与识别和解决问题的过程是鼓励主人翁精神的最有效方式之一，而激励机制和奖品则是加强主人翁精神的手段。

　　拥有高层的长期承诺。当变革开始时，员工通常会向最高管理层寻求信任、支持和指导。因此，在变革拉开帷幕之前，成功的变革管理策略往往会获得公司领导的全面承诺。

　　变革管理活动以变革管理策略为指导与指引，变革管理策略概述了在特定情况下实施变革计划所需的方法。那么，领导者应该如何制定变革管理策略呢？

第一，细致规划。在向团队提出变革建议之前，确保制定了明确的战略。你必须制定一个计划，说明你想要实现什么目标，以及如何将其传达给员工。你需要勾勒出变革的轮廓，概述需要做些什么才能将其付诸实践，提供一个全面的时间表，并对员工潜在的担忧有一个直接的解决方案。

第二，评估公司。你可以绘制一张示意图，标明哪些人会受到变革的影响，以及会受到什么样的影响，这是评估组织的一部分。一项变革会对不同的群体产生不同的影响。谁将担负起变革管理任务，并在变革之后承担变革结果，这取决于变革管理策略。在变革管理过程的后期，列出受影响的群体以及他们将如何受到影响，可以使变革管理方法更加精确和个性化。

第三，制定路线图。这是使用变革管理策略的一个重要组成部分，尤其是在大型企业中，因为它不仅能让整个团队了解当前的状况，还能对未来的步骤和目标有一个清晰的认识。这也有助于管理团队了解流程，确保之后的流程不会出现漏洞。

第四，保持透明度。接受并承认任何可能的不利因素，并努力与团队其他成员进行讨论。在大多数情况下，透明度会占据主导地位，让每个人都相信自己做出了正确的判断。即使你不能向他们提供所有的事实，但你可以将分享的东西透明化，这会让你的员工感到更安心，尤其是在进行重大变革的时候。

第五，拥有强大的领导力。最重要的是，切记要回归根本，注重保持和体现优秀的领导特质。你要激励你的团队，展现你的战略思维，工作方式灵活多变，并向你的团队证明你心中装着组织的最大利益。一位成功的领导者可以帮助自己的团队充满信心、头脑清楚地面对转型的挑战，无论这些挑战有多困难。

实施变革必须了解如何制定变革管理策略。一般来说，变革管理策略往往是从高层开始的。然而，谁参与其中取决于变革的类型。如果变革是涉及整个组织的大变革，则高层管理人员应负责变革管理策略。如果变革发生在某一业务职能部门内部，则可以稍后再制定策略。通常，组织中负责实施变革管理策略的人员被称为变革管理者，这些管理人员在管理组织内的变革活动方面经验丰富。

推动组织全面达成共识

建立变革愿景、变革战略和变革管理策略的目的之一，是让所有的变革利益相关者达成共识。只有在思想上达成了共识，他们才会行动一致，以主人翁的姿态去宣传变革、支持变革，共同为实现组织的变革目标而不断努力。

达成共识的重要性

变革举措应该从建立清晰且令人信服的变革愿景开始。一旦确立了变革愿景，最高领导层必须与该愿景保持一致，这一点至关重要。企业的高层领导团队必须就变革的内容以及变革对员工和组织的意义达成共识。当领导层不能形成统一战线时，变革失败的可能性就会增加。除了可预见的一些阻力外，变革举措有时还会遇到一些持不同观点或立场的高管的抵制。不参与变革的领导者可能会有意无意地给予那些抵制变革的人以信任，甚至加以鼓励。领导者还必须是变革举措积极的推动者和支持者。如果员工看不到这种行动，他们就不太可能致力于变革，因为他们会想，如果领导层都不承诺，我为什么要承诺呢？最高领导者可以以身作则，做一些显而易见的事情来公开表明对变革的持续支持。例如，当需要进行培训时，领导者应该以某种身份在场。无论他们只是简单地介绍培训课程还是与员工一起参加培训，这都是领导者表明变革举措是他们的优先事项的绝佳机会。他们的现身就表明变革不仅仅发生在员工身上，而且会影响整个组织，直至高层。

　　变革领导者除了确保最高领导层的协调一致和大力支持外，还须确保中层管理者也对变革达成共识，这样才能从他们那里获得所需的一切支持。变革领导者必须让他们的言行与变革愿景、战略目标和管理流程保持一致。要让他们支持正在发生的变革，领导者以及最高领导层必须与他们定期沟通。

　　中层管理者是连接高层与基层的桥梁，是所有变革信息上传下达的枢纽。变革领导者要敦促中层管理者想方设法让一线主管和员工也在组织的变革上达成共识。一线人员是变革举措的真正实施者，对变革的进程和最终结果也会产生重大影响。他们只有与组织的高层和中层在思维方式和行为上保持一致，整个组织才能拧成一股绳，具有极大的凝聚力，变革将会进行得更顺利。

　　全面达成共识可以从组织上下获得变革所需的一切支持。让人们达成变革共识的方法有很多，其中包括参与式决策和多渠道沟通。让尽可能多的利益相关者为变革愿景、变革战略、变革计划以及实施流程出谋划策，贡献自己的观点和见解，他们对自己参与其中的举措不但有深刻的理解，也能在实践中贯彻执行，甚至会说服没有参与决策的人支持变革。至于变革沟通，因其对于整个变革过程都极其重要，我们将在下节单独阐释。

进行全方位的沟通

无论变革的类型或规模如何，变革都具有挑战性。如果领导变革的人与实施变革的人之间出现沟通障碍，情况就会更糟糕。事实上，组织变革过程中无效的沟通会迅速加剧变革的压力。美国的高德纳公司在其官网上发表的《变革管理沟通：制定有效的沟通策略，成功管理变革》（*Change Management Communication: Develop an Effective Communications Strategy to Successfully Manage Change*）中写道："随着变革的步伐不断加快，管理员工对组织变革的承诺变得越来越困难。这些数据发人深省：73％的受变革影响的员工表示，他们曾经历过中等到高度的压力，而那些承受着变革相关压力的员工的业绩表现比普通员工差5％。"高德纳公司认为，有效的变革沟通可以消解这些压力并支持业务转型。人力资源公司罗致恒富（Robert Half）在2016年发布的研究报告《变革管理失败在何处》（*Where Change Management Fails*）中指出，该公司曾询问300名高级管理人员在领导公司或团队进行重大变革时什么最重要，绝大多数人（65％）都表示，要清晰而频繁地进行沟通。

沟通是变革管理成功的关键。有效的沟通在变革管理中发挥着极其重要的作用，因为它是组织变革取得成功的基础。变革举措本质上会破坏既定的规范和惯例，导致员工的不确定性、抵制，甚至恐惧。如果没有清晰透明的沟通，这些情绪可能会升级，使得士气、生产力下降，并最终导致变革努力失败。变革管理中的有效沟通有助于就变革的必要性、未来的愿景以及所涉及的具体步骤达成共识。有效沟通能建立信任，减少阻力，并培养员工的包容性和参与感。此外，它还提供了一个解决问题、明确期望并确保整个组织保持一致的平台。通过优先考虑并执行有效的沟通策略，增加员工的支持度并取得成功的结果，组织可以更顺利地驾驭变革。

显然，在实施变革前就开始与员工进行有效沟通至关重要。但是，你究竟该如何就变革进行沟通呢？你需要牢记几个要点：不要只分享有限的信息，也不要一下子把所有的事情都告诉人们，你要重点回答正在发生什么变革，哪些人会受到影响，变革发生的时间、地点和原因；不要仅仅依靠事实和数字来与受众沟通，而要利用讲故事的方式与受众建立情感联系；不要只使用一种沟通渠道，要使用多种沟通渠道，如员工会议、一对一会议、书面文件、电子邮件、视频等；不要只宣讲一次就再也不宣讲了，要经常重复变革的愿景，这有助于人们将其牢记于心，并要定期提供最新信息，以保持变革动力；不要忽视问题、反馈、担忧和想法，要倾听他人的意见和担忧，诚实地回答他们的问题并接受建设性反馈，鼓励就变革进行双向交流；不要忽视变革对人们的要求，要明确解释变革对个人意味着什么，以及他们的角色或职责将如何发生变化。

简而言之，许多研究证据表明，沟通是变革的最大驱动力之一，因为它能解释变革的必要性以及如何实现变革。研究还发现，如果领导者不知道如何在组织中进行变革沟通，变革管理就会面临失败。研究还表明，变革沟通应该是双向的：既要讲，也要听。变革沟通的目的是对员工、客户、利益相关者以及任何受变革影响的人员施加积极的影响。使用多种沟通渠道进行沟通时，根据目标受众选择正确的沟通渠道也很重要。事实上，沟通贯穿于整个变革过程。

制订一份沟通计划

制订一份沟通计划是确保有效沟通的好方法。制订有效的变革沟通计划一般可采取如下八个步骤：

步骤 1：明确沟通目标。制订沟通计划的第一步是基于"你想通过这次沟通取得什么成果？"以及"你如何评估沟通是否成功？"这两个问题确立明确的目标。这些目标应该说明你想让人们或变革的其他利益相关者了解哪些领域和关键问题，反映变革的诱因以及必要性。目标还应包括人们今天如何工作以及将来如何工作。因此，沟通目标必须与变革的总体目标和目的保持一致。

步骤 2：了解你的沟通对象。你需要清楚地了解你的目标受众。你想与谁交谈？你的沟通对象可能是员工、客户、经理或其他利益相关者。你可以通过自问为什么要与他们交谈来确定要进行沟通的对象。有时，你需要对沟通对象进行优先排序，例如，你的主要沟通对象可能是员工，其次可能是中层管理人员和客户。同样重要的是，要充分了解他们是谁，他们想要什么，需要什么，他们的问题是什么，什么能激励他们，他们不喜欢什么。你可以通过细致的分析来得到答案。

步骤 3：确定沟通的关键信息。在确定了沟通目标和对象之后，下一步就是要弄清楚你想说什么。你可能会有一些总体性的关键信息，以及针对每个沟通对象的特定的、个性化的信息。在确定关键信息时，要确保能够清楚地概述变革举措的内容以及你要传达的信息。你可以分析当前的行为和做法是什么，期望的行为和做法是什么，这将有助于你确定变革管理的关键信息。了解变革阻力也很重要，因为多数时候变革沟通都是围绕阻力进行的，而变革沟通最大的目标之一就是克服阻力。在确定关键信息之前，你需要考虑以下几点：确保信息清晰、简单、容易理解；用感人的语调书写信息；信息中应该有情感诉求；传递的信息是真实可信的；在所有关键信息中都呼吁行动。

步骤 4：确定沟通渠道。你必须懂得如何与目标受众沟通。每个目标受众在沟通方面都有一定的偏好。例如，有些人喜欢电子邮件，而有些人则避免使用这种传统的沟通方式。很多时候，员工更喜欢与他们的主管和经理进行人际互动式的交流。你还可以考虑音频和视频沟通渠道，社交媒体的力量也不容忽视。请记住，每种渠道都有自己的优缺点，需要加以分析并确定适合你的变革沟通渠道。

步骤 5：确定沟通需要利用的资源和知识。下一步是确定使交流顺畅有效所需的资源。这些资源可以是任何东西，比如指南书、工具包、研究材料、新知识资源或培训课程信息等。这些资源应足以制作和更新沟通内容。领导者和变革推动者负责推动变革的进程，激励他人在艰难的变革过程中前进。因为他们是沟通变革最多的人，所以他们需要特定的资源，如沟通变革信息的工具包。因此，沟通计划必须重点关注制作工具包需要哪些信息，以及如何定期更新。

步骤 6：界定沟通中的角色和职责。这一步要求确定谁来传达有关变革的重要信息。沟通变革是领导层的责任，因此，领导层的角色在整个变革举措中非常重要。许多调查研究表明，在变革项目中，员工们希望听到他们的领导者和管理者的声音。在制订变革沟通计划时，重要的是要让那些具有良好沟通技巧的领导者、管理者和变革推动者参与进来，让那些更善于表达并相信变革会带来积极成果的人参与进来。一份好的沟通计划还要说明领导层将沟通什么，管理者和变革推动者要分享什么。计划中还需要确定他们通过指定渠道传达信息的频率。

步骤 7：提供反馈机制。双向沟通是任何沟通取得成功的关键，因此，沟通计划应概述双向沟通的机制是怎样的。快速问卷调查是在变革过程中获取人们意见和建议的一个好方法。它还可以帮助你弄清组织中的人员是否了解正在发生什么以及他们需要做什么。调查还可用于评估参与度和热情。面对面咨询、在线讨论、全员会议、问答环节以及焦点小组都是一些典型的反馈工具。

步骤 8：确定如何评估沟通效果。虽然你可以通过观察来确定变革是否被人们接纳并得以实施，但你还必须评估在达到这一目标的过程中，你的沟通起了多大作用。你可以使用定量和定性数据相结合的方法对沟通活动进行评估，也可以通过各种方法进行问卷调查或征求员工意见。你必须清楚什么有效，什么无效。

成功的变革管理离不开高效的沟通，而高效的沟通离不开一份精心制订的沟通计划。创建沟通计划是有一些步骤的，这些步骤可以指导变革领导者以有效的方式进行沟通，最终实现变革的目标。

讲一个变革的好故事

为何有些变革领导者可以毫不费力地传达组织变革的信息，而另一些领导者却很难做到呢？因为制订了一份良好的沟通计划还不够，你还必须运用一些恰如其分的沟通技巧。变革管理是指导个人和组织度过转型期的过程，需要采用在情感层面上与人们产生共鸣的有效沟通策略。讲故事的艺术可以在变革沟通中派上用场。讲故事已成为一种强大的工具，可以吸引和激励员工，协调不同的观点，并推动变革举措。

为什么故事是传播组织变革信息的强大工具呢？因为故事具有吸引人并与人产生共鸣的巨大力量。与枯燥的事实和数字不同，故事可以触动人们的情感，在更深层次上与个人建立联系。故事可以创造一种叙事方式，去吸引人们的注意力，唤起人们的同理心，激发人们的想象力。通过贴近听众的人物、生动的描述和引人入胜的情节，故事将人们吸引到变革之旅中。通过诉诸人性中的理性和感性两个方面，故事在两者之间建立起一种强有力的联系，促进了利益相关者之间的理解和共鸣。故事能让人在叙事中看到自己，促进主人翁意识，激发拥抱变革的动力。

故事是在发生变革的个人和组织之间建立共识的有力手段。在变革中，不同的利益相关者通常持有不同的观点、经验和知识水平，这可能会导致误解、意见不一致，以及对变革的抵制。然而，故事具有独特的能力，可以通过提供一个共同的参照点来弥合这些差距。通过叙事的视角呈现变革举措，故事提供了超越个体差异的共同背景。它们使利益相关者能够看到更大的图景，理解变革背后的原因，了解预期的成果。通过讲故事，复杂的概念和想法可以被简化，并为不同的受众所理解。故事使人们能够将各个分散的点联系起来，找到共同点，共同拥抱变革之旅，从而培养人们的团结感和共同目标感。

在变革举措中，故事对情绪的影响是深远的。与逻辑论证或数据驱动的演示不同，故事可以唤起情感，与受众建立个人联系。在变革过程中，个人往往会经历恐惧、困惑和抵触等各种情绪。故事可以利用这些情绪，帮助人们对故事所描绘的人物和情境产生共鸣。通过触动心灵，故事可以鼓舞和激励个人拥抱变革、克服挑战，并憧憬更美好的未来。情感共鸣有助于打破障碍、增进信任，并在利益相关者之间建立友情。当人们投入情感时，就更有可能投入精力，致力于使变革取得成功。

变革故事有很多类型，最常见的有愿景故事、个人故事、文化故事、成功故事等。愿景故事为成功实施变革后的组织未来提供了清晰且鼓舞人心的愿景。通过生动的描述和引人入胜的叙述，愿景故事达成了对未来方向的共同理解，俘获了人们的心，激发他们将愿景变为现实。引人入胜的个人故事涉及分享与变革相关的个人经验、观点、挑战和成长经历，强调了变革对个人的影响，使其他人产生共鸣。文化故事展示了组织的文化、传统和核心原则，创造了一种认同感和使命感。通过分享文化故事，组织传达了这些价值观在变革背景下的重要性。文化故事通过强调变革如何与组织的价值观和信仰保持一致，帮助个人与变革的更大目标联系起来。而成功故事也是一种非常有价值的故事，展示了组织以前有效实施变革并取得成就的具体实例，让员工有信心接受并支持组织正在进行的变革。

要讲述一个引人入胜的变革故事并取得达成共识的效果，领导者需要注意讲故事的技巧。讲述者必须精心安排故事的结构，设计好开头、中间和结尾三个部分，然后确定变革故事的主角或组织，以及他们面临的背景和挑战，并突出变革的历程和取得的成果。通过加入冲突、紧张等元素，讲述者可以创造出一个持续吸引听众注意力的故事。生动的描述、引人入胜的对话和个人轶事，可以让故事栩栩如生，引起听众的共鸣。另外要注意的一点是，要根据不同的沟通对象相应地量身定制故事。不同的组织利益相关者可能对变革有不同的观点和理解水平，也有不同的动机、担忧和期望，因此，必须根据沟通对象的具体情况专门为他们定制能引起他们共鸣的故事。要讲好一个故事，你可以借助多媒体手段来达到视听效果，还可以采用与听众互动的方式一步一步展开故事。

总之，作为变革管理的一个有价值的工具，讲故事可以在情感上与人们互动并产生共鸣，帮助人们对变革形成共识，并推动变革举措走向成功。通过利用讲故事的力量，组织可以吸引和激励利益相关者，促进变革的顺利进行。领导者应该将讲故事纳入组织的各种变革管理活动。

【案例】机构搬迁前的沟通

2016 年 1 月中旬的一天，中国银行辽宁省分行接到总行的指令，要在短时间内对机构进行分拆并从大连搬迁到省会沈阳。这项突如其来的艰巨任务，给该省行的高管团队带来了巨大的挑战。

为了做好搬迁前的准备工作，省行的高层领导与内部和外部的利益相关者进行了广泛而有效的沟通。1 月 19日，省行召开党委会，传达总行会议精神，研讨总行方案，并做出相关部署。随后，省行还成立了"搬迁办"，由行长亲自担任组长。成立搬迁办，一是可以加大纵向、横向间的沟通交流，做好相关信息的上传下达，统一口径，统一回答问题，从而避免不同声音引起的思想混乱；二是可以统一指挥机构分拆和搬迁工作。

1月20日，省行召开行务扩大会议，要求各部门严格按照总行的要求推进机构分拆和搬迁的各项工作：细化条线部门工作，落实各项工作责任人，建立沟通协调机制，每日按时向总行汇报进度。

随后，省行行长与几位副行长拜访了辽宁省、大连市、沈阳市的主要领导以及银监局的相关领导，争取省市政府及监管机构的支持。为保证重点客户各项业务的顺利平稳过渡，省行党委对重点客户进行了清单式梳理和拜访，将省行搬迁信息及时与客户进行沟通，争取客户的理解。

2月14日，春节后的第一个工作日，省行召开了全体员工大会。行长就辽宁省分行机构调整的意义、总体工作任务、实施步骤和时间规划，以及岗位和人员调整政策等事宜进行了全面而深刻的讲解，并强调各级管理者要做好工作备份和工作交接，做到合规有序。

2月19日，省行又召开了第二次全员大会，人力资源部对大家关注的组织架构、人员安排、薪酬、交通和住房补助等政策进行了详细解读，行长再次做了宣讲。省行还要求每名员工做出选择时必须开家庭会，先在家庭内部达成共识。

省行考虑到异地搬迁是一项大工程，涉及银行所有人员，尤其是总经理、副总经理等骨干都存在是留是走的问题，与其让大家相互之间传播小道消息而人心惶惶，还不如把所有情况、问题和道理都摆在桌面上，在第一时间把所有信息告知干部和员工。

在与员工进行了广泛、深入沟通的基础上，2016 年 2 月 15 日，省行人力资源部给员工家属写了一封信，希望把省行搬迁的政策向家属说透彻。除了介绍总行重大战略调整的背景原因，信中强调此次机构调整是一项牵涉全体员工及其家庭的系统工程。信中还详细讲明了机构搬迁四个阶段的具体工作部署，并表示银行会"本着组织需要、统筹个人意愿"的基本原则，尽量不影响员工的职业发展和家庭稳定。

在准备搬迁的整个过程中，省行一直与总行保持沟通，汇报工作，获得指导。总行则通过工作汇报，了解分设后的组织架构和人员设置方案，并提出具体的工作要求，最后要进行现场验收。

　　辽宁省分行采取的沟通具有及时性、广泛性和循序渐进性的特征。这样全方位的双向沟通效果显著，为后续的分拆与搬迁工作获得了所有利益相关者的理解和支持。

变革锦囊

　　(1) 实施变革首先要精心制订一份变革计划。变革计划可以根据将要发生变革的具体情况涵盖如下方面的内容：变革的内容和原因，变革的愿景和目标，受影响的范围，变革领导团队及其职责，变革的主要策略和行动计划，变革所需的资源保障，变革的时间表，如何跟踪和检测变革的进度和阶段性成果，以及如何改进变革的管理方式和流程，并解决变革过程中遇到的问题。

　　(2) 成功的变革离不开打动人心的变革愿景。一个能够凝聚人心的愿景能够让人憧憬未来的美好前景，具有强大的情感吸引力，其内容既简明扼要，又切实可行，并且容易在员工中迅速传播。制定愿景可以按照一定的步骤去完成，而传播愿景也需要运用一定的传播和沟通方面的技巧。

　　(3) 有效的变革策略一般涉及内容、人员和流程三个方面，而更为全面的策略还会涉及价值观和指导原则、变革治理、全方位的沟通计划，以及变革的流程路线图等。要想轻松地制定变革策略，你可以围绕细致规划变革举措、评估公司受到的影响、制定切实的路线图、通过讨论保持透明度、如何让领导力发挥作用等方面展开。

（4）要顺利实施变革，领导者必须确保整个组织对变革举措达成共识，这既包括组织最高领导层达成共识，也包括中层管理者达成共识，还包括一线主管和员工达成共识。达成共识的方法有很多，其中包括参与式决策和多渠道沟通。

（5）全方位沟通是变革管理成功的关键，也是变革的最大驱动力之一，因为它能解释变革的必要性以及如何实现变革。领导者需要根据不同的沟通对象选择合适的沟通渠道，并制订好一份详细的沟通计划。制订沟通计划可采取八个步骤：明确沟通要达成的目标，了解沟通对象，确定沟通的关键信息，确定沟通的渠道，确定沟通需要利用的资源和知识，界定在沟通中需要扮演的角色，提供什么样的反馈机制，以及确定如何评估沟通效果。

（6）一个非常实用的沟通技巧是讲故事。生动有趣的故事更容易让人产生情感上的共鸣，更能让人们理解变革、拥抱变革，并为变革全力以赴。最常见的变革故事有愿景故事、个人故事、文化故事、成功故事等几种类型。

第 3 章

转变思维：
突破固有的模式

企业必须不断变革，才能在当今市场上保持竞争力。然而，变革的过程往往充满着艰难险阻，因为人们，尤其是那些在职业道路上取得了一定成功的人，通常不愿意接受变革，有时会成为变革的阻力。要克服这种变革阻力，领导者就必须让他们转变思维模式。当然，领导者自身首先必须转变思维——除非自己已经具备了很强的变革思维——然后再帮助团队和员工转变思维。只有转变了思维模式，人们才会改变行为，进而塑造新的组织文化，让发生的一切变化成为变革的助推器。

认识思维模式

不同的思维模式

思维模式是一套信念，它决定了你对世界和自身的认识，影响着你在任何情况下的思考、感觉和行为。根据斯坦福大学著名心理学教授卡罗尔·德韦克（Carol Dweck）的研究，你的信念对你想要什么以及你能否实现它起着至关重要的作用。这意味着，你对自己的看法会影响你的成败。思维模式可以影响人们在生活中各种情况下的行为方式。例如，当人们遇到不同的情况时，他们的思维会触发一种特定的心态，这种心态会直接影响他们在该情况下的行为。

德韦克认为，人的思维模式有两种：一种是固定型思维模式（fixed mindset），另一种是成长型思维模式（growth mindset）。固定型思维模式包含恐惧、规避失败、追求完美和思想封闭等因素，而成长型思维模式则是开放的、好奇的，并始终保持批判性思维和学习新事物的能力。固定型思维模式认为人的潜能是有限的，而成长型思维模式则认为人的潜能是无限的。固定型思维模式认为，你的价值是由你的能力决定的，你的能力是一成不变的；而成长型思维模式则认为，你可以通过努力逐渐发展自己的能力。固定型思维模式认为，努力会让你看起来很笨；而成长型思维模式则认为，努力会让你变得更聪明。

组织的领导者首先要理解有两种截然不同的思维模式驱动着自己的工作表现。领导者的思维模式可以是固定型的，也可以是成长型的。如果领导者想要有所建树，那么他就必须认清自己当前的思维模式，如果是固定型思维模式，就有必要尽可能向成长型思维模式转变。成长型思维模式能促进人们行动，因为它承认通过努力工作，人们可以随着时间的推移不断进步。

卓越的领导者知道适应不断变化的商业环境的重要性，在这个过程中，他们通过转变扩展自己的技能，获得新的潜力。通过采用成长型思维模式，领导者不仅可以改变自己，也可以改变他们的组织，并在这个过程中让每个人都变得更强大。

虽然德韦克教授将成长型思维模式描述为一种信念，即我们的才能可以通过努力工作、良好的策略和他人的投入得到发展，但是这种思维模式还无法与当今世界波诡云谲的快速变化相适应。变革型思维模式（以下简称变革思维）将成长型思维模式的概念提升到了一个新的高度。我们生活在一个越来越不可预测的世界，组织需要那些能够有效地适应新思想和新信息的人。关键的驱动因素就是变革思维——一种优先考虑敏捷反应能力和理解为什么事情是这样的整体战略和管理方法。变革思维赋予人们变革的能力，让他们更容易接受新的想法和做法。

我们知道，我们的能力远非一成不变；我们也知道，我们必须不断地去适应这个变化着的世界。

一种困扰领导者的思维模式

除了上面介绍的几种思维模式，还有一种常见的思维模式——传统型思维模式（legacy mindset）。传统型思维模式是由这样一种信念所形成的：过去的权力、成功、知识和最佳实践足以确保我们在未来生存和发展。事实上，这一思维模式困扰着许多组织——尤其是非常成功的大型组织——的领导者。这种紧紧抱着传统不放的思维倾向，在环境不变的条件下使人能够运用已经掌握的方法迅速解决问题，但在环境发生变化时则会妨碍人们采用新方法，束缚人们的创造性思维。

传统型思维模式总是想让自己看起来正确，感觉一切尽在掌握之中，它让人们认为，把昨天奏效的事情做得更好、更努力、更快，就足以让自己明天变得更强大。人们认为给我们带来成功的商业模式和领导习惯都是正确的。即使他们的组织变得失去竞争力，文化衰退，创新能力减弱，他们也仍然忽视转型的必要性。

传统型思维模式的管理经验和理论来自一个没有那么数字化、没有那么混乱、没有那么复杂的世界，它让我们把过时的思维方式投射到快速变化的世界中，让我们看不到必须变革的信号。别人可能会清楚地看到这些信号，并有勇气根据这些信号采取行动，而传统型思维模式却让我们固守陈旧的假设，仿佛它们是永恒不变的真理。

达特茅斯商学院教授悉尼·芬克尔斯坦（Sydney Finkelstein）研究了 50 多家组织的衰落。他在《为什么聪明的高管会失败》（*Why Smart Executives Fail*）一书中指出，几乎每一次组织危机都是由高层领导者无意中延续传统型思维模式造成的。这就是为什么耶鲁大学的教授们预测，到 2030 年，今天的《财富》500 强公司有许多将会消失。

领导者需要变革思维

变革领导者不但要拥有自己角色所需的技能，而且要有正确的思维模式。有时，一家公司的组织转型遭遇了重大挫折，似乎无法再推进下去，这时转折点就在于领导者能否转变思维模式。当他和其他高管改变了对变革驱动因素的看法后，他们就找到了通往成功的道路。这条路一直就在他们面前，只是他们没有看到而已。

大多数转型和变革的努力之所以失败，是因为领导者没有看到成功所必需的思维模式。他们对人、组织和变革所抱有的信念、世界观和假设，使他们无法准确地感知和理解组织所面临的动态变化。因此，他们所采取的战略和战术与他们的变革现实并不相符。他们会做出糟糕的决定，贸然进入未知领域，跳过必要的变革任务，或者引发员工的抵触情绪，而自己却浑然不知。当他们的变革努力陷入困境时，由于不了解前进道路上所遇到的风暴，他们无法把变革之船调整到正确的航向上。

传统型思维模式是相信过去的知识、最佳实践和成功足以确保组织在未来能够生存和发展。与传统型思维模式不同，变革思维使领导者能够充分认识到外部环境的巨大变化，而不是试图忽视、否认或抵制。变革思维重视对变化和不确定性的接受，将其视为创新的强大催化剂。

具有变革思维的领导者将不断变化的环境视为对过时的产品、流程和人员进行变革的机遇。他们承认外部环境的巨大变化，然后积极思考如何因应这些变化，并将各种机遇变为创造价值的创新。这就是变革思维在他们身上的体现。

在任何变革工作中，最主要的影响因素便是领导者的思维模式，它决定了领导者如何领导他们的团队，以及在面对挑战或项目挫折时如何做出决策。拥有变革思维的领导者即使遇到障碍也能看到成功，他们倾向于关注解决方案而不是问题，能够通过分享自己的成功愿景或目标来激励他人，往往不会让恐惧阻止他们前进。在尝试新事物时，他们不会让障碍挡在他们的路上，更重要的是，他们不会把失败视为他们个人的事情。凭借变革思维，他们会努力推动组织的持续改进和转型。

变革思维的核心是在传统思维和变革思维两种同样有价值的模式之间不断切换的能力。一位拥有强大而灵活的变革思维的领导者知道哪种模式适合当下。同样重要的是，他知道如何切换模式。当然，做起来比看起来要棘手得多。变革思维需要体现极大的智慧，这样才可以培养领导者自己以及团队成员应对不确定性的能力和心态，为组织的创新做出贡献。

要战胜现实世界带来的变革挑战，领导者需要积极地建立变革思维。成功不仅在于技术上的卓越或管理上的敏锐，更在于为团队创造合适的条件，以实现创造性的突破。领导者需要成为公司里最聪明的人的日子已经一去不复返了。领导者需要有智慧，而不仅仅是聪明。

虽然我们大多数人将变革视为一个战略调整和实施的过程，但现实是它与变革思维息息相关。随着世界变得更加动荡无序，领导者必须能够对新想法做出快速反应并相应地改变思维模式。培养变革思维就是要专注于理解事物为何如此并保持敏捷性。通过采用这种思维模式，领导者更有可能对新想法持开放态度并拥抱变革。

领导者的变革思维决定了他们面临挑战时的领导风格和做决策的策略。具有变革思维的领导者在任何情况下都会看到成功，并专注于寻找解决方案，而不是将成败视为个人的得失。变革思维还可以在组织文化中培养成长型思维模式。变革型领导者关注目标和利润，并促进组织的积极变化。

变革型领导者会挑战现状，激发创新思维，并强调成长机遇。这种类型的领导者还将赋予他们的团队强烈的使命感。变革型领导者会激励员工勇于接受并投身于组织的变革，同时消除工作中的恐惧因素。

　　领导者必须具备的一个最基本的变革领导技能是自我反省。领导者必须有能力也有意愿照照镜子，审视自己的思维模式，弄清自己为什么会这样看待问题。只有这样，他们才能评估自己的看法是否准确地反映了现实，以及组织要成功变革需要什么。领导者的思维模式是变革成功的关键之一。为了给组织注入变革思维的基因，组织必须招募和提拔具有变革思维领导风格的领导者。

转变思维模式

转变思维模式为何重要

　　外部世界前所未有的巨大变化给当今的组织带来了巨大的压力，迫使它们不断变革自己的产品、流程和人员。为了适应这种快速变化的节奏，每个组织的领导者都必须具备变革思维。然而，大多数人都有一种固有思维，倒不是因为他们不聪明和不成功，而恰恰是因为他们既聪明又成功。

　　过去的情况是，成熟的传统组织可以在没有创新和业务转型的情况下获得长期回报。现在，不能不断改变自己所做的事情和方式的组织将不可避免地遭遇失败。但是，在稳定、可预测的市场中取得了几十年的成功之后，许多领导者陷入了一种虚假的安全感，失去了领导变革所需的创造力和洞察力。变革应从他们的思维开始。

领导者的思维模式决定了他们的组织是忽视和否认经营环境带来的适应压力，还是将其转化为创造价值的创新，从而塑造行业的未来。回望柯达、诺基亚、雅虎和优步，所有这些组织的领导者都曾认为，他们过去的成功会保证未来的成功。

在当今瞬息万变的环境中，我们的思维模式——我们如何感知、感受、思考，然后采取行动——是我们竞争优势的主要驱动力，也是我们唯一能够完全掌控的因素。我们无法控制竞争对手的所作所为，也无法控制我们的客户，我们唯一能控制的是我们的思维模式。

作为领导者，我们能够也必须掌控自己的思维模式。随着时间的推移，我们可以借助我们与时俱进的思维模式，重塑我们自己和我们的组织。

变革思维是组织转型成败的关键因素。没有变革思维，再多的技术也无法成功地改变组织。技术往往是企业转型的核心，因为它具有有形的性质。然而，转型工作是整体的、多维的，无形因素是影响成功的最重要因素，尤其是思维。有了正确的思维模式，就可以实现重大的业务转型、价值创造，获得可持续的竞争优势。

要成为变革型领导者就需要具备关键的变革思维。这样你就会愿意深入了解组织内存在的问题，并想方设法去解决。你就会超越过去所做的事情，将障碍视为机会，用创造性思维去展望一个可能的未来前景。变革型领导者不断吸收新信息，并有勇气改变方向，或在需要时返回先前的决定，以实现组织和变革的更大利益。

变革举措可能很艰难，有许多未知因素和许多障碍。如果你没有促进行为改变的变革思维，你可能永远无法让自己的组织或团队朝着宏大的目标前进。领导者的变革思维可以促进团队拥有变革思维，从而在变革中采取合作和积极推进的态度，释放出更高绩效团队的潜力，帮助其更快地实现转型并获得更持久的结果，为团队的下一次变革做好准备。

变革思维对于领导者推动组织成功转型至关重要。领导者往往需要改变思维模式才能取得成功，而领导者思维的转变是组织转型的第一步。成为一名优秀的变革领导者需要勇气，需要乐于改变一贯的做事方式，采取新的方式去做事情。领导者正确的思维模式可以为公司注入活力，使团队能够支持转型工作，推动整个组织取得成功。为了转型举措获得最大成果，领导者需要培养变革思维来推动必要的组织变革，然后制定有效的战略确保任何新的努力和解决方案都能支持组织变革的目标。

当人们摆脱过时的思维模式，用全新的视角取而代之时，思维模式就会发生转变。这可能涉及拓展现有看法，或者挑战当前的信念以考虑其他选择。在组织层面，它的特点是人们思考、行动和协作方式的集体改变。比如，引入新的工作方式、技术或流程，结果提高了组织的整体绩效。通过拥抱这种思维，企业变得更加敏捷，能够更有效地取得期望的成果。

总之，思维模式的转变在组织变革中具有极大的重要性，因为今天动荡的商业环境使得客户需求、技术趋势和市场状况可能在短时间内发生显著变化，企业必须迅速采取行动并准备好尽快制定新的战略。它们必须具有适应能力，灵活应变，并接纳新的做事方式。组织变革需要的不仅仅是产品、服务或流程的改变，还需要影响员工行为方式的价值观和信念的一致。思维模式的转变是这一过程不可或缺的一部分，这样，组织才能够更好地应对未来可能出现的各种情况。此外，转变思维模式还能带来一个创新的环境，使员工能够以不同的方式思考，勇于承担风险，并探索新的工作方法。

转变思维模式的有效策略

我们都有一个自然倾向，那就是对改变当前或以前的思维模式犹豫不决，因为这涉及冒风险和离开我们的舒适区。换句话说，这需要摆脱现有的习惯并拥抱未来的不确定性，而这对相当多的人来说是令人生畏的。

然而，通过正确的指导，克服这种对变革的抵制是可能的。领导者在这方面发挥着至关重要的作用。首先，领导者要充分了解团队当前的思维模式，并努力创建一种包容性的文化。他们应该提供明确的目标，强调为什么变革是必要的，展示变革如何从长远来看使每个人受益，并强调每个团队成员如何在取得成功的过程中发挥作用。最重要的是，他们应该致力于提供资源、支持系统、认可计划和奖励，让每个人都能放心地尝试新事物。

下面是在组织变革实践中得到验证的一些有效策略：

更多地宣传新的思维模式。领导者可以通过各种场合的变革沟通，以及自己以身作则的示范效应，来推广新的思维模式和行为方式。思维模式根深蒂固，要彻底改变不是一朝一夕就能做到的，需要管理层的不断鼓励以及员工自身的不断努力。

提高人们的认识。要实现组织变革，首先要让人们意识到变革的必要性。公司应该让员工了解变革将带来什么，为什么拥抱变革很重要，以及他们如何能够在这一过程中发挥作用。这可以通过多种方式实现，包括研讨会、网络研讨会以及其他数字化工具。

让员工参与进来。让员工参与决策，给他们提供表达意见的机会，这会鼓励他们在解决问题时采取批判性思维，并采用不同的方法。至于如何改进当前的组织系统以及如何让人们采取新的思维模式，公司也应该寻求员工的反馈。

培养心理安全感。团队应致力于促进所有成员之间的开放式沟通和协作。这创造了一种组织氛围，人们能放心地承担风险和表达自己的意见，而这又反过来培育了一种创新文化。此外，鼓励不断地提供反馈也是有益的，这样每个人都可以分享他们的想法并提出新的解决方案。

设定明确的目标。在要求人们转变思维模式时，必须给团队制定可以实现的明确目标。目标应该分解为直观的小目标和里程碑，以便每个人都知道他们的前进方向以及需要做什么。这有助于让人们专注于在特定时间范围内需要实现的目标。例如，如果目标是降低成本，那么目标可能是在 3 个月内削减一定比例的费用。目标实现的程度，是衡量思维模式是否转变的一把尺子。

鼓励更多的接触与合作。人们之间接触越多，合作越多，就越能够在变革过程中采取新的思维方式和行为方式，因为人们相互之间会互相影响。领导者的思维模式首先会直接影响高管团队，继而高管团队会影响中层管理人员，而中层管理人员又会影响一线主管和普通员工。当然，在组织中横向影响也是非常迅速的，比如一个团队的成员在转变思维模式方面会互相影响。组织在鼓励团队和部门之间的协作时，应该确保人们之间产生积极的影响。

提供培训和辅导。组织应该为团队提供必要的培训，加快人们思维模式的转变。培训规模可大可小，集中式培训、小团队培训都是不错的方式，结合起来可能效果更佳。除了开会、上课之外，也可以采取生动有趣的方式，比如激动人心的头脑风暴或让人脑洞大开的思维训练营。此外，教练式辅导也是帮助人们转变思维模式的有效方式，因为它可以帮助人们培养变革思维，并识别需要改进的领域。为了让辅导这种方法发挥作用，领导者需要设法找到增强团队接受教练式辅导的意愿，即渴望学习新事物，倾听反馈，并根据他人的建议采取行动。

建立学习型组织。组织变革需要培养一种善于学习的组织文化，鼓励所有成员学习新知识，培养新技能，以便组织在竞争中保持领先地位，并在不断变化的市场中更具适应能力。组织可以定期评估思维模式转变的现状，然后用成功的范例激励人们继续学习新的思维模式，并在实际工作中加以运用。

总而言之，促进组织的思维模式转变需要每个人的承诺，首先是领导者的承诺。要想取得成功，领导者必须致力于营造让人信任的环境，提供资源和培训机会，并乐于讨论变革的方式和原因。只要有足够的努力和决心，企业就能在时机和条件成熟时成功实施变革。

塑造团队共同的思维模式

任何变革的成功都取决于沟通和执行，而沟通和执行又是由团队推动的。而最成功的变革是由具有恰当思维模式的团队实施的。可以说，团队可以决定变革的成败，而思维模式是变革成功最关键的决定因素。如果组织能激励和赋能团队拥有变革所需的共同的思维模式，变革将更有可能顺利实施，并最终取得期望的成果。

为何共同的思维模式能够促进团队的有效合作和变革成功呢？组织的文化在培养团队成员适当的思维模式方面发挥着巨大的作用。态度决定一切，好的态度和坏的态度都会传染。拥有协作和团队精神是团队思维模式转变的明显标志。对于每名团队成员为何以及如何将自己的工作融入变革全局，大家有一个共同的认识，这是成功变革的一个必要因素，但往往被人们忽视。

为了使变革工作取得最大成效，团队成员必须对自己所处的企业文化感到安全，才能做出实施变革所需要的思维模式转变。他们必须相信并接受领导层描绘的愿景，才能迈向未知的领域。此外，理解变革是整个组织或团队的事情而不是个人的事情，也是一个关键的转折点。所有这些因素都将确保正在实施的任何变革都能支持组织的业务目标，同时确保为组织创造最大价值。

转变工作中的思维模式

当战略、领导者、系统或组织结构发生变化时，人们的思维模式和行为方式也需要相应改变。在你考虑改变工作方式以提高绩效时，不要忽视组织变革软性的一面。如果不知道如何转变工作中的思维模式，几乎没有什么变革举措能达到目标。

工作中最常见的思维模式的转变涉及诸多方面，比如领导力、沟通、决策、信息共享、以客户为中心、商业敏锐度、创业精神、应变能力、适应能力以及跨团队和跨职能部门协作等方面的明显变化。这些都是领导力的软性核心能力，可以通过领导力模拟评估来衡量。它们也塑造了你的工作场所文化。

我们都知道工作场所文化，也就是你完成工作的方式，尽管被认为是软性的，但会对组织的绩效产生硬性的影响。人们的思维、行为和工作方式至关重要。如果你没有转变思维模式的计划，任何真正意义上的工作方式转型都会落空，这是文化变革成功的基础。

如果领导者能有效地转变员工的思维模式，他们的行为也会随之改变。领导者可以从一开始就分享领导权，并且不能仅仅通过发号施令来改变员工的态度和行为。有效的变革领导者知道，他们必须积极地让所有利益相关者参与进来，共同确定哪些思维模式需要改变，以及如何改变。领导者需要在组织中建立共同语言，就何为变革成功达成一致，并让受变革影响最大的人员参与领导工作，比如参与制定明确的变革愿景、战略和实施计划，宣传变革的紧迫性，等等。

领导者需要设定有意义的目标。不要低估为取得有意义的成果而齐心协力的力量。要制定具有挑战性的重大目标，激励和鼓舞员工改变他们的思维模式和行为方式。例如，如果你希望团队协作，就应制定具有挑战性的目标，要求大家齐心协力去完成。请记住，目标乏力会导致努力乏力，平庸的目标导致平庸的努力。要确保团队始终追求更高的目标，从而避免工作中的自满情绪。

领导者需要懂得如何授权以及何时授权。最优秀的变革领导者知道如何以及何时退居幕后，让他人来实现成果。了解你的团队擅长什么，喜欢做什么，梦想做什么，这样你就能将员工与任务相匹配。你要更多地像个教练，而非老板，去看着你的团队成员满怀信心、充满自豪地履行自己的职责。在组织变革期间，承担过多的团队任务可能很有诱惑力，但这表明你对他们的能力缺乏信任，并且不给他们机会去尝试新的思维模式和行为方式。当你花在做事上的时间少了，而花在授权和领导上的时间多了，你就会知道你正在有效授权。

还有一点，就是我们前面一直强调的沟通，这项领导技能应该贯穿整个变革过程。变革沟通的最佳实践告诉我们，要定期、频繁地与团队进行沟通，这样你才能知道何时出现了需要处理的问题，或者何时到达了计划中的里程碑。通过与人们保持密切联系，你就可以确保大家都朝着正确的方向前进。应该记住的是，所有的沟通都应该是双向的，都应该是有意义的，都应该与员工关心的问题相关。

说到底，塑造变革文化往往需要人们具体行为的转变，这不仅体现在变革行动上，也体现在潜在的思维模式上。

转变思维模式的主要障碍

许多传统的领导信念和假设限制了变革的成功，并且是根深蒂固的，很难改变。比如，"速度至上"的信念导致领导者推动变革的速度超过员工对变革的认知和接纳速度，从而使变革实际上进展得更缓慢；"没有足够的资源"的看法，导致领导者在变革上过于精打细算，或让已经满负荷工作的员工承担更多的变革任务，从而影响了投资回报率；认为自己必须"不惜一切代价控制变革"的假设，往往会导致领导者要求员工严格遵守预先确定的项目计划，而要取得成功，就必须随着情况的变化经常对计划进行修正；"我的首要责任是确保我的部门（部门、地区、流程）取得优异成绩"这种想法会导致争夺地盘和跨界竞争，从而损害整个企业的利益，而这种"局部重于整体"的导向还会使领导者无法整合他们的变革计划，造成冗余和混乱，浪费企业资源，减缓变革速度。

转变思维模式除了需要掌握一些技巧和策略以外，还需识别经常阻碍思维模式转变的一些因素，并有意识地扫除这些障碍。下面列举的是常见的一些障碍：

（1）过度自信。公司经营状况良好，因此没有必要进行重大变革。人们认为发生在柯达和诺基亚身上的事情不可能发生在自己所在的公司。

（2）否认。不寻找或不想看到新的颠覆性趋势。

（3）固守正统。死死抱着过去的信念不放。

（4）因循守旧者利用政治策略，将最好的资源锁定在不如变革重要的活动上。

（5）停留在舒适区，不愿意做出可能与核心业务相竞争甚至蚕食核心业务的大胆决策。

（6）将短期结果置于长期价值之上。

（7）期望业务人员一夜之间就成为变革大师，而不对他们进行培训。

（8）狭隘的思维和行为。不鼓励和投资以流程驱动的创新，而这种创新可以成为组织永续发展的保障。

（9）缺乏战略明确性，导致人们不确定他们应该注重速度、质量、效率还是创新。

只要存在上述这些障碍，企业就很难实现真正的变革。只有在领导者彻底转变思维模式之后，企业才会准备好进行恰当的变革或转型。

对于一些老牌企业的领导者来说，接受一种新的竞争模式的存在并非易事。这往往需要他们承认不可避免的业务损失，并接受他们需要开发蚕食现有业务的颠覆性产品。如果不能接受这一点，就表明领导者可能过于固守旧有的正统观念，无法在新的数智时代领导公司。

在文化变革中转变思维模式

对于大多数公司来说，改变公司的集体思维模式并把新的思维模式纳入公司的文化可能是一件异常艰难的事。

不过，一些全球知名的企业，比如微软公司、苹果公司、谷歌公司、奈飞公司等，在转变思维模式的实践方面取得了令人瞩目的成功，已经被许多公司视为可以借鉴学习的榜样。

成长型思维模式现在已经成为微软公司的文化特质。微软的文化认为，每个人都可以成长和发展，潜能是培养出来的，而不是预先决定的，任何人都可以改变自己的思维模式，所有人员都需要始终保持学习和永不满足的好奇心。正是这样的文化使得微软公司不断发展壮大。

微软文化发生的巨大变化始于萨蒂亚·纳德拉（Satya Nadella）出任公司的首席执行官。在纳德拉上任之前，微软股价不断下跌；公司发展停滞不前，无法与苹果和谷歌等其他科技公司竞争；客户满意度也在下降；公司员工玩弄政治游戏，扼杀了合作与创新。纳德拉知道，微软的公司文化僵化死板，缺乏灵活性，无法为人们提供心理安全感，造成了团队中的不健康竞争和缺乏协作。每名员工都必须向所有人证明，自己是房间里最聪明的人。责任，即按时完成任务和完成数字目标，压倒一切。公司会议流于形式。等级制度和权力地位控制了一切，自发性和创造性受到了严重影响。纳德拉上任时面临的这些挑战让他下决心改变微软的公司文化。

　　纳德拉认为，首席执行官是组织文化的管理者和创造者。由于受斯坦福大学心理学家卡罗尔·德韦克提出的成长型思维模式理论的启发，他希望微软的文化变革以提供一种成长型思维模式为核心，以客户为中心，具有多元化和包容性。纳德拉知道，成长型思维模式将促进一种文化的形成，在这种文化中，人们将具有同理心，渴望倾听和学习。他着手改变微软的公司文化，为微软带来了成长型思维模式，并将这种文化变革描述为从"无所不知"到"无所不学"的转变。

　　在就任第一年的大部分时间里，纳德尔都在以匿名、单独或焦点小组的形式倾听公司各级员工的意见。在纳德拉的掌舵下，微软的主要转变包括拥抱成长型思维模式，让员工转向充分利用多种知识的协作文化。另一个重大转变是微软绩效体系的演变，其重点是协作和为他人的成功做出贡献。纳德尔不断鼓励公司的领导团队、管理人员和员工个人将固定型思维模式转变为成长型思维模式，并让这种思维模式超越个人角色和团队界限，从而支持公司的核心——创新和创造力。

　　微软公司努力培养学习的文化，在这方面，公司的领导者和管理者在营造学习氛围方面发挥了至关重要的作用，他们担负着引导团队成员提出问题、表达好奇心和克服挑战的责任。他们像导师一样鼓励团队成员每周学习新知识，从而培养他们的成长型思维模式。微软还要求管理人员进行自我反思和改进。管理人员必须扪心自问，他们是如何鼓励员工学习的，他们对员工请求获得学习资源的反应如何，以及他们是如何树立榜样的。

纳德拉本人则成为微软公司在成长型思维模式方面言行一致的典范。他是一位不以利润为中心，而以公司文化转型为中心的领导者。这使得微软能够在组织层面上应用成长型思维模式：高层领导能够迅速认识到内部的不足，并努力加以改正。

纳德拉曾沮丧地发现，每位经理在辅导员工上花的时间太少，于是他将此作为微软文化变革的重中之重。他带领微软借助一项针对经理人的新辅导计划，大规模灌输成长型思维模式。2019年夏天，微软在全球范围内开始推行一套新的管理人员期望标准，在管理人员与员工的互动方式中强调了"成长型思维"，其目的是帮助员工和管理人员了解什么是成长型思维模式，以及如何运用这种思维模式。微软推出的这一新的管理模式，被称为"模范—教练—关怀"（model-coach-care）。新管理模式的每个要素都与微软对成长型思维模式的整体强调有关。"模范"或以身作则，是指践行微软文化，为员工树立榜样。管理者应表明自己在践行成长型思维模式，这样员工才会有一个如何处理问题并从挫折中走出来的榜样。"教练"或教练式辅导，是指确定团队目标，帮助团队适应和学习。管理者应为员工创造一个从错误中学习的空间，并强调他们具有成长和学习的潜力。"关怀"是该模式中最被员工和管理者广泛接受和喜爱的部分。微软的管理者有责任去关心员工，以便吸引和留住优秀人才，了解每个人的能力和愿望，并为他人的成长进行投资。

现在成长型思维模式的理念在微软已经深入人心。纳德拉担任首席执行官之后，微软收获了创纪录的业绩，公司股价已经翻了好几番。微软创纪录的业绩，源于一个简单的文化变革：运用成长型思维模式。要让每个人都具备成长型思维模式并不容易，因为我们人类不喜欢改变。公司的文化转型具有挑战性，需要做大量的工作，但在纳德拉的领导下，微软正走在正确的道路上，人们在这种转型的思维模式下工作得更加快乐。

事实上，以创新的产品设计而闻名的苹果公司也是一家具有成长型思维文化的公司。在苹果公司的发展史上，史蒂夫·乔布斯（Steve Jobs）是一位具有远见卓识的领袖。他拥有成长型思维的能力，在推动苹果从崩溃边缘走向全球科技霸主的过程中发挥了关键作用。在动荡的 20

世纪 90 年代，乔布斯展现出非凡的成长型思维，重新定义了苹果的未来。他曾经说过，领导者和跟随者的区别就在于创新。这种观点激发了他对突破性想法的不懈追求，培养了一种倡导创新和冒险的文化。乔布斯的成长型思维让他的创意源源不断，为苹果公司创造出更多更好的新产品，这些产品不仅取悦了顾客，也取悦了他本人——他总是乐于尝试新事物，并从发明中获得乐趣。他以成长为导向的方法推动了 iMac、iPod、iPhone 和 iPad 等产品的开发，重塑了行业并激发了消费者的想象力。乔布斯的成长型思维还延伸到了员工赋权上。乔布斯认为，雇用聪明人然后告诉他们该怎么做是没有意义的。这种观念培育了一种信任和自主的文化，使苹果的团队能够蓬勃发展。

苹果公司成长型思维最突出的表现就是创新思维。苹果公司在 21 世纪初面临着市场份额下降、产品缺乏竞争力的挑战。如果按照传统思维模式，那么苹果就会继续改进现有产品的功能和设计。但是苹果转变了思维模式，希望打造一款革命性的智能手机。于是苹果创造性地将手机、音乐播放器和互联网功能相结合，推出了 iPhone。这款革命性产品以其简洁的设计、直观的操作和全新的用户体验迅速占据市场，并引领了智能手机革命。iPhone 不仅是一款手机，更是一种生活方式的象征。苹果通过创新思维，成功挑战了传统手机市场的格局，成为全球最有价值的科技公司之一。

　　苹果公司的成功在很大程度上得益于其持续创新的精神和实践。该公司在培训团队成员方面投入巨资，确保每个人都能获得成功所需的资源和工具，成功地培养了一支创新团队，推动了公司产品的快速发展。苹果公司通过以下方式培养员工的创新思维：首先，公司创造了一个鼓励多样性和包容性的工作环境，员工可以自由表达自己的想法，并与来自不同领域的人合作，以激发创新的火花；其次，公司注重洞察市场趋势和用户的真实需求，并将这些需求融入产品设计过程，这种用户中心的设计哲学帮助苹果开发出了众多成功的创新产品，并创造了用户的新需求；最后，苹果鼓励员工积极尝试和接受失败——失败是成功的一部分，员工可以从失败中吸取教训，并勇于再次尝试创新，这种公司文化让员工敢于冒险和创新。

　　与苹果公司一样，谷歌作为全球知名的科技公司，也以创新思维和卓越的技术而闻名。公司致力于培养员工的创新意识和思维方式，并在实践中不断推动创新。公司创造了一种环境，鼓励员工进行创造性思维，突破可能的极限。公司还倡导学习文化，帮助团队成员了解最新趋势，鼓励他们尝试新想法。

在企业创新史上，很少有哪项战略能像谷歌的"20%时间政策"（20% time policy）那样备受关注和推崇。这个看似简单的想法——允许员工将 1/5 的工作时间用于自己选择的作为副业的创新项目——一直是谷歌创新战略的基石。这项有别于许多公司的政策，源于谷歌对培养员工创新和创造力的承诺，它不仅仅是一项福利，更是对员工能力和洞察力的信任，同时也为员工提供了一个解放思想的空间，鼓励他们积极探索和实践新的想法。

谷歌公司在员工之间建立了自由交流和合作的氛围。员工之间鼓励分享和借鉴彼此的创新思维和经验，通过集思广益的方式推动创新的发展。谷歌还注重建立开放的创新文化。公司领导层不仅鼓励员工提出新的想法，还通过奖励机制和创新挑战赛等形式激励员工积极参与创新实践。此外，谷歌最重要的内部培训项目，不是与创新、技术甚至内部创业有关，而是一个专注于培养个人思维模式的项目，这也是公司大获成功的关键之一。

奈飞是另一家成功实现思维转变的公司。颠覆式创新之父、哈佛商学院教授克莱顿·克里斯坦森（Clayton M. Christensen）认为，奈飞是全球少有的几家真正进行颠覆式创新的公司，既有颠覆式创新的技术，又有颠覆式创新的组织。该公司从一个传统的 DVD 碟片租赁公司发展成为最成功的全球化媒体公司，也被视为改变人类影视消费模式的颠覆性企业。奈飞从租赁 DVD 到提供流媒体服务，再到制作原创内容，每一次重大变革都获得了巨大成功。在公司的变革过程中，思维的转变起到了核心作用。

奈飞创始人兼首席执行官里德·哈斯廷斯（Reed Hastings）亲自主导奈飞的每一次业务转型，并且身体力行地践行奈飞的"自由与责任"（freedom and responsibility）文化。事实上，哈斯廷斯的个人管理风格和管理理念随着时间的推移发生了转变。2002 年以前，他满脑子想的都是如何让公司生存下去；而当公司成功上市并开始盈利时，他逐步意识到，自己都不愿意在自己辛苦创办的公司工作是最残忍的讽刺。于是，他和高管团队就试着思考自己真正关心的东西到底是什么，后来发现他们真正关心的是与优秀的人一起解决困难的问题。

随着思维方式的改变，公司尽可能地动用一切资源来支持这个新的想法，即与有才华的人一起工作。这样的想法引导奈飞公司走向了更为自由和负责的管理方式，因为优秀的人不想被束缚。公司建立了一个系统，在不需要公司领导者干预的情况下，内容、技术、用户界面的服务质量能得到不断提高。公司领导层强烈反对流程化的做法，认为即使高度自由化可能会导致错误，也要坚持给予员工最大的自由，因为高度自由会带来很多积极的成果。员工在奈飞公司上班，既不需要打卡，也没有规定工作时间，只要能把任务做完，时间可以自己安排。但是，每名员工都会竭尽所能地付出自己的努力，因为他们来到公司不是为了拿到更高的收入，而是因为他们喜欢这份工作以及对未来充满信心。自由和责任，已经成为刻在奈飞基因里的文化准则。自由是工作状态和工作方法，责任是工作的成果。思维方式的转变最终使得奈飞公司的组织文化也发生了深刻而又巨大的转变。

随着文化的转变，奈飞非常注重营造协作和信任的环境，让团队有能力做出自己的决定并迅速采取行动，而无需上层管理人员的批准。该公司还提倡一切保持透明度，这是推动创新和促进开放式沟通的关键。

无论是微软、苹果、谷歌还是奈飞，这些公司在转变旧思维、采用新思维方面的成功实践，都给其他企业树立了学习的榜样。虽然像谷歌的"20％时间政策"这样的做法，可能并不适合每个组织，但其基本原则可以为那些希望促进创新和培养充满活力、具有前瞻性思维的企业文化的公司提供宝贵的启示。比如，领英公司（LinkedIn）的变通版本是"孵化器"（InCubator）项目，即允许员工提出自己的想法，如果获得批准，他们最多可以有 3 个月的时间来开发自己的创意。由此可见，虽然 20％时间的模式可能并不适合每个组织，但专门的创新时间这一核心理念可以体现为多种形式，企业可以根据自己的企业文化和结构进行适当的调整，并取得自己期待的成效。总之，思维模式的成功转变也是企业软实力的具体体现。

【应用】思爱普公司转变员工思维模式

作为一家全球软件公司，思爱普（SAP）通过转变员工的思维模式去颠覆现状并消除过去的流程，成功地激励员工进行创新和实现突破。

面对全球经营环境的不确定性和技术公司运营模式的巨大转变，思爱普公司研究了一种新的方法来启动员工的思维转变，其目的是从新的角度思考业务以及与客户的互动。他们在日本和印度的两个办事处建立了实验室，发现了一些令人惊讶的场景和结果：即使员工有跳出常规、尝试新事物的自由，他们的经验也制约了他们，就像一个长期以特定方式运营的企业规范一样。公司的管理团队决定进行变革，以打开员工的思维，让他们能够超越他们习以为常的行为方式。他们决定在两地的销售团队中应用"管理的转变"模型来解决问题。

"管理的转变"模型是英国伦敦威斯敏斯特商学院教

授弗拉特卡·赫卢皮奇（Vlatka Hlupic）在《管理的转变》（*The Management Shift*）一书中提出的一个框架，是组织可以用来帮助领导者转变思维、改善组织成果的工具。该模型包括五个层次，每个层次由特定的思维模式、语言使用、领导风格和组织文化/成果组成。

层次一：个人无生气，组织冷漠无情。这是一种有害的环境，恐惧、担忧和抑郁是常见现象。指责司空见惯，有害的领导者会创造出有害的文化。

层次二：个人不情愿，组织停滞不前。在这种环境中，领导者缺乏感召力，员工只能做他们能做的最低限度的事；他们可能在工作中按部就班，但他们心不在焉。

层次三：个人被控制，组织发号施令。在这种环境中，人们更加遵纪守法，遵守规则和关键绩效指标。然而，自负的大领导们可能会管住他们。

层次四：个人热情洋溢，组织通力协作。这是一种协作性更强的环境，绩效、创新、参与度和利润都会大幅提高。信任、透明度、目标、协作、社区、创造力、应变能力和工作乐趣是这一层次的重要关键词。

层次五：个人无限制，组织无边界。个人和组织相信，无论需要克服什么障碍，都有可能实现任何目标。

思爱普公司首先分析了两个办事处在上述模型的五个

层次中处于什么位置。公司用"管理的转变"模型中的语言来挑战员工的工作方法，要求员工考虑在他们的解决方案中体现了什么层次的思维水平。员工注意到自己的思维还停留在第三层次，要想实现转变，就需要有意识地提升到第四层次。为了突破思维的阻力，他们需要集体协作，共同努力。人们开始改变叙述方式以及作为一个团队的集体思维和运作方式，但变革起来却困难重重，因为人们必须摆脱他们既有的习惯。在某种程度上，转变似乎太令人难以承受了，起初人们会很容易回到他们过去的舒适区。而一旦他们理解了这一点，"管理的转变"方法就会给他们带来目标和方向感。

员工思维转变需要一个基础框架。思爱普公司明白，建立一个能够提供新的共同语言和相互理解的框架是多么重要。实验室为实验创造了机会，而"管理的转变"模型则创造了一种新的范式，使人们能够打破头脑中的障碍，超越他们认为的唯一可能性。一位主管说，由于他们从实验室中学到了东西，他们已经开始将业务扩展到其他领域。公司发现，自从引入"管理的转变"，越来越多的团队开始用这种新的语言进行交流。比如，他们会说："让我们好好想想，在这种情况下，我们需要把自己提升到第四层次吗？"另一位领导则分享了这样的经验：当他参加一个会议时，意识到讨论显然是第三层次的，而主题需要第四层次的思维方式，于是，他就开始琢磨如何才能将会议的思维方式提升到第四层次。

接着，思爱普公司又将员工思维模式的转变推广至其他高层领导者。公司在该实验室环境中取得成功的关键在于改变员工的思维方式，使其员工更具协作性和创造性。随后，公司能够让员工参与这一过程，从而使参与其中的员工更加认同，并对变革持更加积极的态度。在该计划的下一阶段，思爱普公司对 50 多名首席运营官和其他高级领导人进行了"管理的转变"方法的培训，为"管理的转变"语言在企业其他部门的传播创造了机会。

改变行为模式

行为不是凭空产生的，有什么样的思想就产生什么样的行为。了解并改变自己的行为会对变革管理的成功与否产生显著的影响，因为成功的变革源于行为模式和思维模式的相互依赖。当然，单独改变行为也是可能做到的，但一个人如果不理解行为改变背后的原因，没有将其融入自己的思维方式，那么就很有可能出现偏差。另一方面，如果你仅仅聚焦于改变思维方式，那么你的员工可能没有工具来进行新思维方式所要求的行为改变。只有行为和思维能够相互促进，人们才会真正投入变革，并努力培养实施变革所需的技能。

如同改变思维方式一样，改变行为也是一项具有挑战性的任务。每个人都是一个独立的个体，为组织带来了自己独特的技能、能力和发展前景。正是这种多样性促成了组织的成功，使组织能够提供创新的解决方案或卓越的客户体验。这也意味着你改变行为和思维方式的方法必须考虑到个体的差异性。这无疑是一项艰苦的工作。

每个人都知道我们需要改变，每个人都说我们必须改变，但很少有人能做到。这与人们把改变看成一项宏大的任务而不是一系列连续的、有意识的小变化有关。

变革需要一套新的行为，如果行为是由习惯组成的，那么我们就要从改变习惯做起。大量的研究表明人们一次只能改变三个习惯。作为变革领导者，你需要先从自我做起，为团队和员工树立一个改变旧习惯的榜样。在确定自己需要形成什么样的新行为之后，你可以问自己一个非常痛苦的问题：为了培养一个新习惯，你愿意放弃什么旧习惯？

人们可能有改变的意愿，但可能不知道如何改变。领导者在自己亲自实践之后，可以把这个有用的工具教给团队和员工，让他们按照下面三个步骤来改变旧习惯，养成新习惯。下面是具体的做法：

首先，假设实现一个目标需要做什么事情，并确定哪些习惯会阻碍目标的实现。我们都对改变有免疫力，我们会根据自己的信念在脑海中编造借口，意识到这一点将有助于改变习惯。

其次，选择三个要取代的习惯，以及哪三个新习惯将取代它们。对于习惯背后的行为越具体越好，这是关键。比如，你的行为目标是要开高效会议，那么就用良好的会议议程和严格的时间管控来取代漫无目的的冗长会议。这样做有助于人们养成良好的开会习惯，并逐渐摒弃过去的不良习惯。

最后，坚持不懈是用另一个习惯取代一个习惯的唯一方法，因此，保持耐心、意志坚定是非常重要的。

社会学习（social learning）理论告诉我们，人们通过观察来学习，方式之一就是观察他人的行为。当领导者以他们希望组织效仿的行为树立榜样时，文化变革就开始了。这就是为什么领导者很重要，他们会在组织中树立自己想要看到的行为榜样，他们也会对那些积极改变行为榜样的人给予认可和奖励。

此外，为了帮助员工采用新行为，组织必须拥抱学习和成长的文化。良好的学习氛围可以让员工拥有好奇心，从不同角度看问题，并有助于激励他们在日常工作中学习新事物。组织可以制定学习计划来支持员工的转变目标。当组织将学习作为一项关键原则时，它会使员工感到轻松，因为个人有可能获得成长。

组织要改变，组织内部的人就必须改变。在人们学会采用新的思维方式，并培养新的习惯之后，新的行为才会逐渐形成，也才会有益于组织变革的成功。当组织改变工作方式时，领导者必须关注个人，既要表示同情，又要理解个人接受改变的意愿。领导者必须耐心，多加鼓励，认可并奖励任何进步。

如果人们相信组织的总体变革目标，他们也会更愿意改变自己的行为，以实现这一目标。领导者在成为变革的榜样、激励他们的员工以不同的方式思考和行动方面可以发挥巨大作用。改变行为是一项艰苦的工作，但最终的回报是组织变革的成功。

变革锦囊

（1）变革不可避免地会遇到各种阻力，而人们固有的思维模式是产生阻力的重要原因之一。要克服这种原因引发的变革阻力，领导者就必须想方设法转变人们的思维模式。人们只有转变了思维模式，才会改变自己的习惯行为，进而帮助塑造新的组织文化。

（2）变革领导者需要避免困扰自己的传统型思维模式，不能想当然地认为过去成功的实践或方法今后还一定会带来成功；必须确保自己拥有变革思维，即能够充分认识外部环境的巨大变化，而不是试图忽视、否认或抵制，并将变化视为组织变革的强大驱动因素。

（3）领导者要充分认识到，变革思维是组织转型成败的关键因素。没有变革思维，再多的技术也无法成功地改变组织。正确的思维方式有助于实现重大的业务转型、价值创造，帮助企业获得可持续的竞争优势。

（4）对于转变思维模式，在组织变革实践中得到验证的一些有效策略包括：利用各种场合、各种沟通渠道宣传新的思维模式，增进人们对变革的认识，让员工参与决策，培育创新的组织文化，设定转变思维模式的明确的目标和时间表，鼓励人们进行更多的接触和合作，为人们提供集中式或定制化的培训和辅导，以及把组织建设成为学习型组织等。

（5）领导者需要注重团队共同思维模式的重塑，因为团队共同思维模式可以决定变革举措的成败；如果团队拥有共同的思维模式，变革的实施将更加顺利。

（6）领导者尤其需要注重转变人们工作中的思维方式，否则就难以达成变革的最终目标。对于工作中思维方式的转变，领导者需要设定有意义而又具有挑战性的目标，懂得如何授权以及何时授权，并在变革过程中保持有效的双向沟通。

（7）领导者必须能够识别转变思维模式的一些常见的障碍，比如过度自信、忽视环境的变化、因循守旧、不愿走出舒适区等，并在整个组织中有意识地扫除这些障碍。

（8）虽然思维模式的转变为行为方式的转变打下了基础，但是改变人们的行为也是一项极具挑战性的工作。改变旧习惯的一个有效方式是三步法：首先，列举出阻碍变革的行为习惯；其次，选择三个要取代的行为习惯，以及用哪三个新行为习惯来取而代之；最后，保持耐心、坚持不懈。

第 4 章

高效推进：
给变革加足马力

　　在整个组织对变革达成了共识之后，变革领导者就要开始采取实施变革的具体行动了。前面的一系列准备工作都是为变革行动做好铺垫，而实施变革的过程将会对领导者的变革领导能力构成巨大的考验。要成为一名卓越的变革领导者，在实施变革的过程中你有许多重要的事情要做，比如了解整个组织的变革准备程度，设法让所有人都投入变革之中，克服变革过程中遇到的各种阻力，减少组织的动荡不安，帮助团队适应并推动变革，有效地加速变革进程，等等。成功的领导者会制定过渡期的计划和稳步推进期的管理策略，从而有条不紊地实施变革举措。失败的变革领导者则相反，他们可能会在这个阶段犯一些致命的错误，结果导致变革步履维艰，最终不幸夭折，整个组织的努力前功尽弃。在实施变革的这一关键阶段，领导者不但要以身作则，让自己的领导力真正发挥作用，还要帮助团队和员工适应变革的要求和节奏，为有效实施变革各尽其职。领导者该如何做好这些工作呢？这正是本章要讨论的内容。

变革准备度评估

　　你为组织变革做好准备了吗？你是否具备充满自信地

领导变革所需的技能？你的团队是否拥有实施变革所需的资源、能力并得到了培训？你的组织是否制定了正确的变革管理策略？这些问题都是每一位变革领导者在正式宣布实施一项组织变革计划之前要问自己的。变革领导者应该花些时间，深入了解整个组织的变革准备度。一种有效的方法是进行变革准备度的评估，领导者应该懂得如何去进行评估，并加以改进。

什么是变革准备度评估

变革准备度评估是对组织成功实施变革举措的能力进行评估，包括评估组织实施变革的能力、资源和文化，以及当前的运营状况，并研究实施变革可能带来的潜在风险和挑战，以及了解可能影响变革成功的任何外部因素。评估的目的是在实施变革之前，找出可能需要解决的任何薄弱环节或差距。这种评估有助于组织更有效地准备变革，更高效地管理变革。通过收集信息，组织可以就如何以最佳方式实施变革并确保其成功做出更明智的决策。

要想变革取得成功，评估组织人员对变革的准备程度非常重要。比如，你可以推出一个运用数字平台进行客户管理的新项目，如果人们不知道如何使用、不想使用，或者由于其他原因无法使用，那么这个变革项目就会因为人们没有准备好而失败。变革项目的成功有赖于那些需要做出改变的人员成功并持久地采用新的工作方式。

变革准备度评估必须对组织的各个层面进行分析，需要考虑的组织和环境层面包括个人、工作小组、团队、部门、事业部、组织机构、行业、地方和地区政府与经济、国家政府和经济，以及其他利益相关者。

变革准备度评估可以通过全面了解组织的现状和变革准备状态改进变革准备情况。评估会对文化、技术、流程和领导力等各种因素进行评价，以确定优势和劣势，评估潜在挑战，并找出改进机会。这些信息有助于领导者和变革管理团队根据组织的具体需求制定路线图和战略，从而更有效、更成功地实施变革计划。

评估可以发现潜在的挑战。最初提出变革项目时，领导者很容易对组织的变革前景感到兴奋不已，于是变革的主要障碍往往被掩盖。例如，员工的抵触情绪往往会成为实施过程中的重大挑战。变革准备度评估将会发现问题所在。

变革准备度评估通过识别可能影响变革项目成功的潜在障碍、风险和挑战，大大降低与实施变革相关的风险。通过评估，变革管理者可以预见潜在的阻力和障碍，并做好应对准备，从而降低实施过程中出现意外和失败的可能性。评估还提供了一个基准线，用于监测进展情况，确保将资源和精力用于最关键的领域。通过积极主动地应对潜在风险，变革准备度评估可以降低变革项目的整体风险，提高成功概率。

总之，变革准备度评估是分析相关群体对变革准备程度的一个过程。变革准备度评估旨在为团队领导、经理、主管和变革推动者提供一个机会，以分析对变革计划的成功影响最大的可能性因素，以及在一定程度上他们可以控制的因素，从而弄清整个组织对即将发生的变革是否做好了准备。

评估的主要步骤

你该如何评估变革准备度呢？以下是评估组织变革准备情况的一些主要步骤：

全面细致地描述变革。要想变革成功，参与变革的每个人都必须了解变革。领导者需要定义变革涉及的所有要素和利益相关者，以及变革将影响的所有系统，还需要考虑变革的规模以及实施变革所需的时间。非常具体的阐述是有帮助的，这样你就可以准确评估你的组织进行变革的能力。

选择适合的评估工具。你可以找到一些现成的准备度评估工具，然后选择其中的一种或几种，并根据组织的具体情况进行调整。你可以考虑修改这些工具，使其更适合自己组织的需要。或者，你也可以从已有的工具中寻找灵感，然后制作自己的工具。你所选择的工具应该能够评估组织的现有资源、条件，以及所有利益相关者，尤其是中层经理和一线员工的态度。

寻求最初的反馈。首先，你可以使用自己选择的工具，通过一般性调查来评估人们对变革的反应。你要尽量了解组织各层级的变革意识。此外，你还要询问反馈者进行变革的意愿、必要的技能以及任何担忧等相关因素。

访谈关键人物。根据收集到的关于态度的基本信息，你可以选择并访谈具有关键影响力的人员，比如团队领导、专家和经理。你可以询问他们对此次变革的理解、其团队的变革能力和意愿，以及他们预计会遇到的任何挑战。通过这些访谈，你可以进一步探讨在总体调查中发现的任何关切领域。

总结并分析调查结果。通过回顾总体调查和目标访谈的结果，你可以查找技能缺失的领域，以便在开始变革前通过培训或招聘加以解决。此外，你还要查找组织内需要改进的程序和流程，以便更好地促进变革。根据现有的准备情况以及提高准备度所需的改进，你就可以确定组织是否做好了启动变革的准备。

评估涉及的关键因素

根据企业的最佳实践和变革管理经验，在进行准备度评估时，你应该分析并记录一些关键因素，以便确定被评估的每个团队或个人的准备情况。根据变革管理公司 OCM Solution 的研究，这些关键因素包括变革意识、变革接受度、变革能力、变革认知，以及所需培训水平。

　　缺乏变革意识是包括员工、经理、领导者和客户在内的利益相关者抵制变革的首要原因。意识到并了解变革背后的驱动因素，比如为什么现在要变革，不变革的风险是什么，变革的好处是什么，变革对我有什么影响，等等，是组织为变革做好准备的第一步。提高变革认识有助于增强人们支持变革的意愿，进而减少变革阻力。如果变革认知度较低，那么变革领导者和管理团队就需要通过高水平的多渠道沟通对人们进行变革教育。

　　评估变革准备度的下一个关键要素是对变革的接受程度。如果人们对变革的必要性或他们可能扮演的角色不满意，那么变革就会遇到阻力。在变革准备过程中，通常会出现人们反对变革的情况，尤其是在第一次准备评估期间。这是因为还没有太多的沟通或参与，受影响的利益相关者可能会害怕或不了解变革对他们意味着什么或变革将给他们带来的好处。你需要让人们接受并支持变革。只有得到他们的认同，他们才会去了解变革信息，并愿意对工作方式和行为等做出必要的改变。如果对变革的接受度低，那么变革管理团队就需要设法提供更多机会让人们参与其中，从而提高接受度。可采取的方式可以是沟通会、研讨会、培训、一对一交流或团队会议等，这些活动有助于找出各种阻力原因并加以解决，从而提高团体和个人对变革的接受程度。

人们的能力现状也会影响其对变革的接受程度，因此，在进行组织变革准备度评估时，你需要评估人们是否拥有变革的能力。如果某些人的变革能力较低，变革管理团队就需要意识到这一问题，以便相应地调整某些团队或个人的参与度，或者让经理也意识到他们这一问题，请他们帮助自己的直接下属学习新的技能，并给予提高能力所需的时间。

变革的利益相关者可能已经意识到并接受了变革，甚至有能力完成变革所需的工作，但如果他们对工作流程中的变革内容缺乏基本的认知或了解，他们的变革准备度评估得分仍然会很低。如果对变革内容知之甚少，那么变革管理团队就需要进行高水平的培训和沟通，让他们在变革内容的认知上做好准备，因为如果员工不清楚在项目启动时他们需要做什么，那么他们就不会为变革做好准备。

一旦利益相关者对正在发生的变革有了基本的了解，他们就需要接受正式培训，以获得成功执行新任务、使用新工具或在采用新流程上所需的熟练程度。如果变革准备度评估显示需要进行大量的或高水平的培训，那么变革管理团队就可能需要制订更广泛的培训或额外培训的计划，以确保团队为变革做好充分准备。

如果根据这五大关键因素收集准备度评估数据，就可以获得总体准备度水平。组织变革准备度的总体水平可以让你全面了解各个团队和个人是否达到了实施变革的要求，从而确保变革项目成功启动。

几种主流的评估工具

许多时候，企业会借助外部专业资源的帮助评估变革准备度。除了根据上述五大要素进行评估外，一些咨询公司可以在变革项目的准备度评估阶段提供帮助。这里，我们简要介绍一下高德纳公司的变革准备度剪影（change readiness profiles）、波士顿咨询公司（BCG）的多层次变革准备度方法，以及普罗斯西公司（ProSci）的变革准备度模型。

高德纳公司的企业变革准备度剪影对企业成功实施变革的准备度进行深入评估，有助于企业了解哪些领域最有可能受到变革计划的影响，并确定需要在哪些方面集中精力。企业变革准备度剪影基于以下标准：对变革的开放性态度、创新意愿、承担风险、权力分配，以及灵活决策。

收集、评估这些方面的信息可以帮助组织预测挑战，并制定成功计划。此外，这种剪影还可以衡量一段时间内的进展情况，为了解组织对变革计划的适应程度提供宝贵的意见。

波士顿咨询公司认为，变革准备工作必须在三个层面进行，即领导者、人员、项目。变革过程分为四个阶段，分别是：设定目标并做出承诺，确定基准和目标，开发解决方案和能力，实施并持续改进。波士顿咨询公司强调了根据变革历程中各个阶段所有相关群体的需求做准备度评估的重要性。

普罗斯西的变革准备度评估方法包括对变革本身的评估和对组织的评估。第一项评估检查变革的范围、深度和总体规模，应该针对变革的范围、受影响员工的数量、变革的类型，以及与当前状态相比的变化量。对组织的第二项评估涵盖文化和价值体系、变革能力、领导风格和权力分配、过去变革造成的影响、中层管理人员对变革的倾向性，以及员工对变革的准备程度。

这些评估方法有助于制订变革管理规划，并能量身定制变革管理战略、沟通计划、培训计划和辅导计划。从员工那里收集的数据可用于了解他们对组织变革准备程度的看法、他们个人对变革的准备程度，以及他们对变革的理解和变革对他们个人的影响。

变革利益相关者分析

首先，我们了解一下利益相关者的定义。变革的利益相关者是指在特定的变革中具有利益关系或影响力的任何个人、团体或实体。利益相关者可以是组织内部的，也可以是组织外部的，比如股东、员工、客户、供应商等，他们会对决策、计划或实施过程等变革活动产生重大影响。可以说，没有利益相关者的支持和参与，任何变革举措都难以取得成功。

什么是利益相关者分析

领导和管理变革的目的就是最大限度地减少变革举措的负面影响，最大限度地扩大其积极成果。变革利益相关者分析是变革管理的一个重要工具，可以帮助领导者在变革过程中识别利益相关者，确定其影响力的优先顺序，并让他们参与变革。

利益相关者分析的主要目标是了解这些利益相关者的兴趣、期望和影响，从而在整个变革项目中进行有效的管理。利益相关者分析是收集和分析变革项目利益相关者信息的一种系统方法。它有助于了解他们是谁，他们想要什么，他们的感受如何，以及他们如何影响变革或受到变革的影响。这种方法有助于回答以下问题：谁是主要的利益相关者，他们的角色和责任是什么，他们对变革的期望和担忧是什么，他们对变革的支持或抵制程度如何，他们如何影响其他利益相关者或被其他利益相关者影响，以及如何在整个变革过程中让他们参与进来并与他们沟通。利益相关者分析还能从他们的角度深入了解变革的好处和风险。

变革利益相关者分析如果能尽早开始并定期更新，就会更加有效。你甚至可以让变革团队和利益相关者参与分析过程，并结合使用定性和定量的数据和方法。此外，在收集和使用利益相关者信息时，要确保透明度和职业道德。你可以利用分析结果为变革规划和实施提供信息并加以改进，然后对过程和结果进行评估，从反馈中吸取经验教训。

当然，变革利益相关者分析也会面临挑战，存在一定的局限性，比如你难以确定和接触所有的利益相关者，数据和假设不准确或不完整，分析或解释存在偏见或主观性，某些利益相关者抵制参与，利益或期望之间存在冲突，等等。所有这些问题都会影响到利益相关者分析的有效性。

利益相关者分析为何重要

尽管利益相关者分析存在诸多挑战和局限性，但是利益相关者分析的确是决策者、项目经理和团队的宝贵工具，可以为组织变革提供许多有价值的信息。

通过了解利益相关者的需求和观点，可以确保获得利益相关者的支持。许多利益相关者可以直接控制变革的项目能否获得资助。如果他们不理解该变革项目，他们就不会支持，甚至有可能让你的努力付诸东流。利益相关者分析使你能够了解这些决策者的需求和观点。有些利益相关者虽然没有这么大的权力和影响力，但是如果他们不积极地支持变革，并为变革的实施而尽职，变革也会遭受挫折。作为变革管理的重要组成部分，利益相关者分析有助于使变革愿景和目标与利益相关者的利益、动机和需求保持一致，从而获得他们的支持。支持度越大，则变革越顺利。

利益相关者分析有助于领导者识别和管理变革的阻力和挑战。对于任何企业范围的变革，你都面临着遇到变革阻力的风险。即使变革会给公司带来好处并解决痛点，员工也往往不愿意改变熟悉的工作方式，而事实上一些高管也可能会抵制大规模的变革。利益相关者分析使领导者能够了解变革的潜在影响以及利益相关者可能有何反应，他们持什么样的态度和意见，从而尽早地评估变革的风险和阻力，并做出如何获取他们最大支持的良好决策。同时，这一工具还有助于领导者识别潜在的冲突，并制订如何最好地加以管理的计划。

利益相关者分析可用于确定向利益相关者传达变革信息最有效的接触和沟通方式。借助于利益相关者分析，领导者可以深入了解不同利益相关者的沟通偏好，这有助于定制沟通策略，以确保沟通方式能够与目标受众产生共鸣，并吸引其参与变革。

通过评估每个利益相关者的影响力和重要性，利益相关者分析可以帮助领导者确定谁需要参与决策过程，并确保他们能够分配到所需的资源。利益相关者分析还可用于创建实施变革的计划，包括确定谁将负责变革的哪些任务，以及领导层如何支持他们，其中包括确定在哪里集中努力以产生最大影响，以及在哪里可能需要额外的支持或关注。

此外，利益相关者分析还能帮助利益相关者和变革团队之间建立信任，促进合作，同时在变革期间和之后监测利益相关者的反馈和满意度。最终，这将有助于提高变革成果的可持续性和有效性。

总体而言，利益相关者分析是成功变革管理的关键工具，提供了对所涉及的利益相关者的洞察，使领导者和管理者能够做出明智的决策并制定实施变革的有效计划。

如何进行利益相关者分析

变革利益相关者分析包括四个主要步骤：识别利益相关者，分析利益相关者，确定利益相关者的优先级，让利益相关者参与进来。

首先，在任何组织的变革中，识别内部和外部的利益相关者都是至关重要的，因为它可以确保全面了解可能影响变革或受变革影响的个人、团队和实体。内部利益相关者，比如员工和管理层，掌握着组织内部运作的复杂知识，可以对变革计划的成功产生重大影响。外部利益相关者，包括客户、供应商和监管机构等，会带来外部观点、市场动态和合规要求等重要信息。识别内部和外部利益相关者并与之互动，有助于领导者制定有效的整体变革战略。要识别利益相关者，可以使用各种信息来源，如项目文件、组织结构图、问卷调查和面对面访谈。

其次，分析利益相关者的利益，可以帮助领导层深入了解受变革举措影响的个人或群体的动机和关注点。通过全面评估利益相关者的目标、关注点和期望，组织可以调整其战略以符合这些利益，从而增加利益相关者支持的可能性，并减少阻力。在评估利益相关者的利益时，重要的是要考虑一系列可能影响他们的关键因素，其中包括目的和目标、担忧和恐惧、期望、价值观和优先事项、影响力。这可以让变革尽量顾全各方的利益和期望。

再次，对利益相关者进行优先排序。在排序时，可以使用影响力、权力、相关性、参与度等标准。你还可以使用利益相关者分析图（stakeholder mapping）或矩阵等工具，将利益相关者的优先级可视化。利益相关者分析图正是图示利益相关者的一个有用的工具，它可以直观地呈现各个利益相关者及其彼此之间的合作关系。利用影响力和权力两个维度建立一个矩阵，可以形成四个象限，从而帮助领导者确定利益相关者的优先级。

最后，为了让利益相关者参与进来，你需要根据每个利益相关者的需求和偏好来定制变革信息和沟通方式，比如，一些利益相关者只需要有关项目的信息定期更新，而另一些利益相关者则需要参与业务流程的重组工作。利益相关者分析可以帮助你设计参与策略，以确保利益相关者按要求参与项目。

对于初创公司等小型公司，进行利益相关者分析时可以列出每位员工。但是，对于一个拥有数千名员工的组织来说，将所有受影响的员工都包括在内就不太可行了。在这种情况下，变革管理团队可以选择关键利益相关者，如高管团队、部门领导、团队骨干等，作为分析对象。关键利益相关者应能代表组织中受变革项目影响的所有领域和层级，这样，领导者就能很好地了解所有受影响的个人。如何进行利益相关者分析会影响整个变革项目的进程。

如何推动变革的进程

做好了准备度评估并加以改进，对利益相关者也进行了有效分析，接下来领导者就可以大张旗鼓地带领组织走上令人激动的变革之旅了。在这个旅程中，变革领导者需要动员所有的力量，不断为变革提供精神和物质的支持，克服变革阻力，力争初步取得变革的成效，从而获得人们更大的支持和承诺，形成一个推动变革向纵深发展的良性循环。

让所有人参与变革

制定有效的利益相关者参与策略是组织变革极为重要的一个方面。参与度越高，人们的承诺和积极贡献就越大，而且随着参与度的提高，阻力也会随之减少。

然而，让利益相关者参与并非易事，既需要时间和资源，也需要人们从正常的工作中抽身出来。如果你能考虑清楚利益相关者可以参与的主要方面，就能为设计参与策略做好准备。

你需要回答的第一个问题是：你希望利益相关者参与哪些变革任务？通常情况下，变革领导者会将很多参与工作推迟到变革的实施阶段。一般来说，这是一个错误，因为到那时，许多利益相关者，尤其是员工，都已经形成了支持或抵制变革的立场。你应该在构思变革需求的那一刻就开始考虑参与的问题。利益相关者的参与可以而且应该在变革过程的很早阶段就开始，他们可以协助领导者评估变革的驱动因素，也可以帮助领导者确立变革的理由。

利益相关者的早期参与会使变革的初始阶段更加复杂，但如果能尽早让他们参与进来，在实施过程中遇到的人际关系问题会少得多。你可以列出他们能够参与的变革任务，以及最明显的参与机会。

一旦确定了需要大量参与的变革任务，就必须回答"让哪些利益相关者参与"的问题。显然，员工或他们的主管、经理等人将是最常参与的利益相关者。不过，你应该扫描整个组织，以确定每项任务中最适合参与的利益相关者。

一旦确定了变革任务和利益相关者，你就必须明确在参与过程中希望他们做些什么。你是希望特定的利益相关者群体执行一些常规行动，进行创造性思维（如提供意见或建议），做出决策，还是取得他们自己的成果？如果人们的参与是为了从事创造性的活动，那么就会产生更大的影响，从而产生更高的承诺度。当人们是为了自己取得成果时，他们就会在变革中努力实现自己的目标。

克服变革阻力

新加坡 Statista 公司于 2023 年 5 月发布的一项研究——《2017 年新加坡管理者对成功组织变革的感知障碍》（*Managers' Perceived Barriers to Successful Organizational Change Singapore 2017*）显示，56％的管理者认为变革阻力是实施组织变革的最大障碍。这一研究结果说明了我们为什么必须了解变革阻力，并在实施变革的过程中加以克服。

变革阻力是指员工反对或不愿意进行某一变革的行为。变革阻力有多种形式和形态，可以是公开的，也可以是隐蔽的；可以是有组织的，也可以是无序的；可以是细微的，也可以是极具破坏性的。变革阻力是一种复杂的现象，对于变革领导者来说，全面了解变革阻力始终是很重要的。

要克服阻力，首先必须了解阻力背后的原因。员工抗拒组织变革可能有多种原因，以下是最常见的五种原因：

第一，对变革不理解。当员工对为什么要变革缺乏真正的理解时，他们会产生抵触和阻力。这可能是因为员工与管理层的信息不对称，或者管理层事先没有就为何必须变革进行有效的沟通，抑或员工本身就反对某项变革举措。有效的变革沟通，关键在于创造积极的对话。当你对着员工说话而不是与员工交流时，你一定会遭到员工对变革的抵制。

第二，从情绪上排斥。改变现状是一件复杂的事情，人们往往会对打破常规的行为做出情绪反应。某些员工会担心失去既有的权力和地位，并因此失去自尊；某些员工会害怕变革导致自己在新的工作环境中被孤立或遗弃；还有一些员工可能会因为组织过多的变革举措而逐渐感到厌烦。此外，当员工无法回答"变革对我有什么好处"这一基本问题时，自然会抵制变革。这有两种可能：要么员工对这个问题没有答案，要么他认为变革会威胁到他目前的职位。在这两种情况下，结果都会是悲伤、沮丧和抵制。情绪上的排斥是一种自然的、不可避免的反应。如果你拂袖而去，那只会导致更强烈的抵触情绪。

第三，对领导者不信任和缺乏信心。当员工对变革领导者不信任或缺乏信心时，他们的抵触情绪就会成为巨大的障碍。美国的变革顾问兼作家里克·莫瑞儿（Rick Maurer）认为，对变革者缺乏信心是企业组织内部变革阻力最容易被忽视的原因之一。员工对领导者的不信任，可能源于过去所经历的领导者与被领导者之间的关系，可能源于员工对领导者个人的背景和领导能力的认知，也可能源于双方在价值观上的巨大分歧。

第四，认为变革时机尚不成熟。员工对为何要变革已有充分的理解，也乐见组织通过变革创造更美好的发展前景，但是觉得现在还不到变革的时候，于是就有了反对的理由，甚至阻碍变革的进行。比如，由于缺乏必需的变革培训以及完成变革任务所需的资源，当员工感到没有准备好去适应和采用新流程时，往往会出现抵制变革的情绪。如果人们对自己适应变革的能力没有信心，他们就不会支持变革。当人们感到自己的不足——不管是真实的或想象的——威胁到自己完成变革工作时，他们就会通过抵制变革来保护自己，避免失败。

第五，不切实际的时间表。组织没有在营造紧迫感和给予足够的过渡时间之间找到平衡。变革推进速度太快，导致人们无所适从。当你急于求成时，很容易忽略变革计划中的重要元素。这会导致部分员工阻碍变革的顺利推进。

此外，当现有的公司文化和规范在组织中根深蒂固，阻碍了组织接受新的工作方式（如新的流程、领导力、团队结构或技术）时，往往也会出现抵制变革的现象。事实上，这是组织层面的阻力。

这里提醒一下领导者，要有效地管理变革阻力，必须了解个人阻力与组织阻力的不同。当员工基于自己独特的认知、个性和需求抵制变革时，就会产生个人阻力。工作保障、习惯和经济因素等对个人阻力有很大影响。而组织阻力是指组织抵制变革、希望维持现状的一种倾向。受到组织阻力影响的公司会变得缺乏灵活性，无法适应环境或内部的变革要求。组织阻力的一些表现包括内部权力斗争、决策程序不完善、领导层缺乏自信，以及组织结构官僚化。

虽然阻力在某种程度上是自然的和不可避免的，但它并非不可克服。根据上述造成变革阻力的各种原因，领导者可以找到有针对性的克服方法：

通过宣传和培训解释说明变革的价值。为避免变革阻力，你必须提供证据去证明变革将使员工受益匪浅。你可以优先教育你的团队，让他们了解这项新变革将如何直接改变组织的发展前景以及给个人带来发展机遇，并提供持续的培训，确保他们对变革充满信心，驾轻就熟。

变革前收集员工意见。很多时候，员工抵制变革是因为他们认为自己的意见并不重要，也不会影响组织变革的决策。你需要对团队进行调查，了解他们对变革的看法，以及如何让变革过程变得更加轻松。

与员工达成一致。在做出决定之前，你务必征求一线员工的意见。与你的团队商量后，就管理和实施新变革的时间表和整体计划达成一致。

让员工参与变革管理计划。当员工的意见被纳入流程时，他们会觉得自己受到了重视，他们的意见也很重要。你应该确保将团队中的关键成员纳入变革管理和实施流程，让他们感到自己是变革项目的主人翁。在制定变革管理关键绩效指标和衡量标准时，团队成员也应参与其中，以确定是否成功。

在组织变革期间为员工提供支持。不要让你的员工孤军奋战，要为团队成员提供资源、变革管理工具、知识以及必要的培训。这将帮助你的员工迅速找到变革的价值，并在实施变革时与你建立信任。

清晰而频繁地进行沟通。你要尽快让员工了解现状的变化，这有助于在员工和管理层之间架起一座桥梁。你可以与员工分享你所掌握的任何信息。你与他们的沟通越是开诚布公，他们就越不可能胡乱猜测、听信谣言。

衡量组织变革的绩效。衡量是变革过程中的一个关键因素，因为它可以让组织了解实施变革对整体业务绩效的影响。如果某些事情没有按计划进行，就有机会改变它或将其纳入下一阶段的变革实施中。

抵制变革是很自然的事情，而减少这种抵制是变革管理的核心。对变革阻力管理得越好，成功实施变革的机会就越大。

为变革提供动力资源

组织变革不但要克服阻力，领导者还需要源源不断地提供前进的动力。动力来自各种所需的资源，包括人员、时间、资金、技术、工具、信息和支持等。你需要确定变革需要哪些资源，需要多少资源，从哪里可以获得资源，以及如何分配资源。你还需要获得高级管理层和主要利益相关者的批准、资助和承诺，从而确保资源到位。

成功的变革管理在于建立一支技能精湛的变革管理团队。该团队是协调和驾驭复杂的组织转型的驱动力。该团队由沟通、心理学、项目管理和领导力等领域具有专长的人员组成，能够理解与变革相关的独特挑战。他们的职责包括制定战略计划，建立开放的沟通渠道，以及应对利益相关者的抵触情绪。一支技能娴熟的变革管理团队有助于实施量身定制的解决方案，指导员工完成过渡，并确保组织不仅能适应变革，而且能在不断变化的环境中蓬勃发展。他们的集体能力使组织能够积极应对挑战，抓住机遇，并最终取得变革的成功。

时间是变革管理中的一项关键资源，代表着组织变革展开的时间维度。要想成功实施变革计划，就必须仔细调整时间表，以适应规划、执行和适应等各个阶段。充足的时间可以让员工做好准备，确保他们充分了解情况、接受培训并为即将到来的变革做好准备。时间还为沟通、协作和培养支持变革的文化提供了必要的空间。时间允许人们逐步调整，帮助人们在不确定性中培养稳定感，成为管理变革阻力的一项战略资产。然而，时间限制也会带来挑战，这凸显了高效规划的重要性，以及采取现实的、分阶段变革方法的必要性。在变革的紧迫性与平稳过渡所需的时间之间取得平衡是关键所在，这使得时间成为变革管理中宝贵的战略资源。

资金是变革管理中的一项基本资源，它为实施变革过程的各项工作提供了必要的财务支持。虽然其他资源，如技能熟练的团队、技术和沟通渠道，都是必不可少的，但它们的有效性往往取决于能否分配到足够的资金。资金能够支持培训计划、技术升级、沟通策略和其他与变革相关的举措。这种资源使组织能够投资于实施变革所需的必要工具、专业知识和基础设施。此外，有了充足的资金，组织就可以灵活应对不可预见的挑战，并随着变革举措的进展调整战略。对于确保组织不仅能够启动变革管理工作，而且能够维持和优化变革管理工作，从而提高在不断变化的业务环境中取得长期成功的可能性，资金支持是不可或缺的。

技术和工具是变革管理的重要资源，为整个变革过程中的高效沟通、协作和进度跟踪提供了必要的基础设施。在当代商业环境中，技术已成为日常运营不可或缺的一部分，因此，利用正确的工具变得至关重要。这些工具可能包括项目管理软件、通信平台以及能够实时监控关键绩效指标的分析工具。技术可以促进信息交流，提高透明度，并支持传播重要的最新信息，确保所有利益相关者始终了解情况并参与其中。

变革的每个阶段会需要不同的资源，某个阶段的主要资源在另一个阶段也许是次要资源，当然有些资源可能自始至终都非常重要。要有效地分配资源，你可以根据变革的性质、变革的阶段、变革的规模、复杂性和潜在影响等因素确定优先顺序，这样可以确保关键领域得到必要的资源。此外，你还需要持续评估和调整资源，因为变革计划的需求和挑战可能会随着时间的推移而变化，因此，定期评估非常有必要。持续评估可确保资源用在最需要的地方。

征召变革推动者

人们普遍认为，要实现重大变革，员工至少需要从两个不同的渠道了解变革。首先，由组织中的高层人士为变革定位，使员工了解变革的重要性，然后由组织中与员工更亲近的人帮助将变革融入日常工作。这就是部门经理和变革推动者（change agent）可以发挥作用的时候了。这里，我们先着重介绍一下"变革推动者"的概念和类型。

变革推动者是组织内部或外部推动变革进程的个人。他们是变革进程的催化剂，是激发和影响人们实现变革的人士。他们能激励和说服其他人为变革做出必要的调整，如改变他们的愿望、态度和行动，并鼓励和支持人们采取新的工作方式。变革推动者能够提供组织学习和采用新工作方式所需的技术知识和支持。尽管他们对变革没有直接责任，但他们通过提供领导力、影响力、促进、指导、沟通、团队发展和批判态度，为变革的设计、规划、执行和采用做出贡献。变革推动者还有助于创造一个环境，在这个环境中，必要的行为改变、行动方式和学习新技能都变得切实可行。

变革推动者一般可分为内部变革推动者和外部变革推动者两类。内部变革推动者通常是了解组织文化、历史和政治的团队成员。在组织内部，经理和高级管理人员经常被期望成为变革推动者。当然，变革推动者并不局限于高层员工，也可以是一名较低级别的员工，他们拥有理想的技能、个性特征和权力，能够引导他人完成变革。外部变革推动者是具有相关经验的外部专业人士或第三方变革专家，他们不受公司规则、法律和政策的约束，可以全面评估各种情况，提供适当的变革管理模式和技术，帮助避免变革失败。

变革推动者是那些相信变革的人，他们从一开始就支持变革。作为变革的倡导者，变革推动者经常被视为变革举措中领导层和管理层与其他员工之间的重要纽带。每一次组织变革，无论规模大小，都需要一个或多个变革推动者的参与。变革推动者，无论是外部的还是内部的，都具备领导和协助变革进程所需的技能，有助于组织变革取得成功。变革推动者会报告早期的成功和挑战，并利用他们的经验和收集的数据吸引其他人加入他们的行列。

要想取得成功，领导者就需要组织各个层面的变革推动者。每个层级都需要变革推动者，因此必须找到他们，让他们加入进来，并对他们进行培训。一般来说，组织中的变革推动者越多，变革计划成功的概率就越大。

变革领导者和变革管理团队在选择变革推动者时可采用的标准应包括在同行中的影响力和可信度、沟通技巧、对组织的了解程度、担任此角色的意愿、所代表的受影响群体，以及专业知识和特长等。

领导者可以根据变革规模的大小和时间的长短，确定需要多少内部和外部的变革推动者。招聘内部的变革推动者有很多好处，其中最重要的一点是他们了解组织内部程序、主流文化和内部政治，而且通常能够相对迅速地支持变革团队；另一个好处是，他们受到同事的信任。人们常犯的一个错误是，只选择最容易找到的或技术知识最丰富的人。那么，该如何确保获得合适的人选呢？最好的办法可能是你既征召有强烈意愿的志愿者，又动员人们推荐信得过的人。

对于一项重大的变革计划而言，理想的情况是以内部变革推动者为主，辅以少数的外部变革推动者。当然，在这种情况下，你招聘到的外部变革推动者应该具备组织内部可能缺乏的技能和知识。外部变革推动者的优势在于，他们能提供全新的视角，对组织的过去和现在没有情感依恋，也不会对变革的必要性持怀疑态度。

如果你正在实施的是一个大型的或整个组织范围的变革项目，并希望让每个个人和团体都积极参与变革进程，从而提高变革项目的成功率，那么建立一个变革推动者网络（change agent network）可能会让你受益匪浅。

变革推动者网络是一个由个人组成的团体，他们可以扩大变革领导者和变革管理者的覆盖面、影响力和工作力度。变革推动者网络成员的头衔有好几种说法，包括变革拥护者、变革大使和变革倡导者。在普罗斯西咨询公司最新的研究中，自称采用了正式变革推动者网络的受访者表示取得了更大的成功。那些使用了变革推动者网络的组织有 50% 的时间达到或超过了项目目标，而没有使用变革推动者网络的组织只有 41%。[①] 该公司的这项研究还表明，变革推动者最常负责宣传变革，其次是培训他人和提供实施支持，领导变革和树立变革榜样，以及总体上支持变革管理活动。

无论哪个组织实施变革举措都需要变革推动者。变革推动者在组织变革中的作用非常关键，因为他们了解变革的目的，并且能够通过与员工和利益相关者的联系推动整个变革进程。对于任何组织来说，在启动变革计划之前，让变革推动者参与进来都是非常重要的。

一些有效的实施策略

在推动变革的过程中，除了我们上面提到的一些措施

[①]　2023 年 10 月安德鲁·霍利克（Andrew Horlick）在普罗斯西咨询公司官网发表了研究文章《你的项目需要变革推动者网络吗？》（*Does Your Project Need a Change Agent Network?*），这里引用的数据出自该文章。

外，领导者还需要关注中层管理者的重要作用，并帮助团队应对变革带来的混乱和挑战，这样将会加快变革的进程。

发挥中层管理者的作用

计划进行重大变革的组织往往会忽视中层管理者，忘记获得他们的支持往往是变革成功的关键。斯坦福大学教授贝南·塔布里奇（Behnam Tabrizi）在高科技、零售、制药、银行、汽车、保险、能源、非营利和医疗保健行业随机抽取了 56 家公司，研究了它们开展的大规模变革和创新工作，结果发现大多数努力都失败了。在获得成功的 32％的公司中，一个特点是有中层管理者的参与，他们的级别比首席执行官低两级或更多。在这些案例中，中层管理者不仅仅是在管理渐进式变革，他们还通过在组织内部上下左右调动权力杠杆来领导变革。

如果变革领导者将中层管理者视为变革推动者，那就表明他们在变革管理上有了思维转变。作为组织的变革推动者，中层管理者可以成为高层管理者在变革过程中的合作伙伴，并承担比以往任何时候都更重要的角色。

中层管理者向上与领导层有着最直接的联系，向下与员工有着最直接的联系。对于大多数员工来说，他们就是每天与他们共事的领导。员工可以仰仗中层管理者，从他们那里获得一种归属感和主人翁精神。不幸的是，中层管理者很少得到将变革战略落地所需的培训、指导或鼓励。没有让中层管理者参与变革过程的高管人员，等到变革失败后进行反思时才追悔莫及。

聪明的组织认识到中层管理者在推动变革方面所拥有的力量，他们会将这些团队领导者视为变革旅程的驱动力而加以利用，其做法包括确定他们中哪些人拥有激励变革的地位和权力，哪些人需要额外的支持，然后提供定制化的培训或辅导去弥补任何不足。

我们在前面说过，中层管理者应从制订变革计划时就参与其中，而一旦变革计划开始实施，他们的更大作用就会逐步显现出来。不过，这时他们需要得到上层的持续指导，并需要帮助他们想出如何应对团队中的变革阻力，从而使得他们实施变革计划更加顺利。此外，得到指导和帮助的中层管理者，一般不会成为变革的阻力，相反还会帮助克服变革的阻力，并成为变革推动者网络中的重要力量。

中层管理者在变革过程中发挥着举足轻重的作用。他们将组织的变革战略转化为实际行动，并确保采取适当和一致的行动。中层管理者介于运营和战略层面之间，他们为战略思考、战略实施和组织变革做出贡献。在组织变革中，中层管理者可以决定变革的成败。

当高层管理人员真正认识到中层管理者在实施变革和管理阻力方面能够发挥核心作用时，他们就会主动地与中层管理者保持沟通，给他们提供尽可能多的培训机会，并鼓励他们在变革过程中成为上下沟通的桥梁，发挥自己的影响力。普罗斯西公司的首席创新官、知名变革管理专家蒂姆·克雷塞（Tim Creasey）认为，变革领导者要发挥中层管理者的作用，需要做好三件事：

一是制定计划和战略，让中层管理者首先支持变革。领导者需要记住，中层管理者首先是员工，其次才是管理者。他们必须先从个人层面接受变革，然后再帮助员工完成变革任务。为了获得中层管理者的支持，变革领导者需要确保其了解为什么需要变革，并在帮助员工积极投身于变革方面给他们提供支持。

二是提供培训、工具和资源，让中层管理者成为变革的优秀管理者。优秀的管理者不一定是优秀的变革管理者。重要的是要认识到，变革要求管理者扮演变革所需的特有角色，采取变革所需的特有行为，这是他们必须在日常工作之外承担的角色。你要提供培训、工具和其他资源，帮助中层管理者做好准备并支持他们履行这些职责，从而使他们能够有效地领导员工完成变革。

　　三是争取从中层管理者的上司那里获得支持。既然我们了解中层管理者在领导其直接下属进行变革时的影响力，那么高层管理者也有能力对中层管理者施加积极影响。最有能力并具有影响力的人就是中层管理者的上司。

　　中层管理者在组织变革中取得成功的秘诀包括投入时间了解和处理他们自己对变革的反应，然后平衡他们对员工和组织的承诺，为变革的实现创造必要的条件。在整个过程中，高层领导者必须为中层管理者提供必要的时间和支持，使他们能够驾驭变革中相互冲突的需求，从而避免倦怠。应对困难的情绪和技术挑战可能会让人精疲力竭。高层领导者可以通过以下方式为中层管理者提供支持：提供有关变革的明确信息和充足的资源，认可小的成功，并帮助中层管理者在实施变革的整个过程中处理自己的情绪和挫折感。

　　帮助团队驾驭变革过程

　　在管理正在经历变革的团队时，变革领导者有许多方面的事情要做，他的工作将与各个团队的工作一样繁忙。在第三章我们讲到了塑造团队共同的思维模式，这主要是变革初期领导者应该做的事情，而到了实施变革阶段，要为团队做的事情可能要多得多。团队有大有小，但不管是什么样的团队，都会对变革的成功产生关键的影响。对于像初创公司那样的小型公司来说，可能只有几个团队去实施变革；而对于大型公司来说，小变革涉及的团队相对较少，而大变革，尤其是整个公司范围的变革就涉及许许多多的团队了。在启动变革计划之前，变革领导者就应该制定团队管理策略，有目的、有计划、有方法地帮助和支持团队，让它们在变革的过程中发挥更大的作用。

在团队管理中，团队领导者是关键人物，因为他们是带领团队去完成变革具体事务的指挥者和协调者。作为变革的总指挥，组织的变革领导者可以通过团队领导者来对特定的团队施加影响力。大多数时候，管理好他们就等于管理好团队。下面是变革领导者和团队领导者应该共同做好的一些事项：

确保自己拥有强大的领导力。在公司即将发生变革之前，领导者就拥有显而易见的强大领导技能会让团队成员在他的领导下感到自信和舒适。在进行任何大型变革之前，领导者都要评估一下自己的领导风格，并为了变革做出相应的改变，团队会时刻感受到他的支持和包容。你可以考虑选择民主式领导风格，即根据团队大多数人的想法做出决定。你需要认真倾听团队关于他们希望如何实施这次变革的意见，确保平稳过渡，让每个人都感到自己的意见受到重视。领导者的影响力越大，团队的信任感和忠诚度就越强。

领导者要为自己留出有效管理团队的时间，并与团队保持良好的工作关系。如果你在变革中苦苦挣扎，或者不确定如何在变革中更好地管理团队，请务必与同事或上级沟通，或向专业的顾问寻求建议。

此外，领导力的关键在于将自己树立为学习的好榜样。团队是领导者的敏锐观察者，他们倾向于倾听领导者和管理层的意见，也会阅读新的指导方针和手册，但更重要的是，当他们看到组织或自己的领导者在为变革努力工作时，他们就会表现得更好。

帮助团队与变革合拍。团队需要一定的时间去适应变革的新工作方式，采用新行为，学习完成团队的新任务的能力。领导者要给予团队成员充足的时间去思考、提问，并了解发生的任何变化对他们个人、团队和组织意味着什么。此外，领导者还要及时传达正在发生的重要事情，让团队成员有时间做好心理准备，开始思考他们需要做些什么来适应变化。不同的沟通方式将有助于不同的团队成员接收信息，而且要反复与团队沟通。

领导者必须在变革实施过程中与团队成员进行清晰、公开和频繁的沟通。每个阶段的变革速度可能不太一样，领导者要帮助团队保持与变革大局步调一致。领导者可以根据变革项目的复杂程度和不同阶段确定适当的团队目标、责任和里程碑，这可能会产生更好的团队绩效。采取这一步骤可以让人们清楚地了解领导层对他们个人的期望。此后，领导者就可以跟进团队、子团队或团队成员的进度，帮助他们实现既定目标。如果没有这些层面的目标，就很难跟踪团队和个人的进展和表现。

领导者应该懂得，如果没有对细节的精心管理，整个变革项目就会出现纰漏。如果领导者有一个庞大的团队，那么要确保直接下属关注细节，并在更大的变革项目中管理个人进度。

给团队充分授权。在变革过程中，为团队成员提供决策机会也是极为重要的。变革过程通常涉及多项活动，将部分任务委派出去会更有效率。领导者可以把一些责任交给有能力的团队成员，让他们自己去做出决定，这可能会加快变革进程，让团队成员感到自己更有价值、更加独立自主。在赋予团队决策权后，你需要保持沟通，及时提供反馈：对于良好的决策予以认可、表扬、鼓励；对于你认为不好的决策，可以邀请团队代表对话，听取他们在做决策时的想法，充分讨论交换意见，并提供改进建议。

给团队充分授权的好处之一是，鼓励团队发挥自己的主观能动性。在实施变革的过程中，当事情还不确定时，每个人都想稳妥行事，遵循标准做法。这种做法有其弊端，那就是团队成员不敢打破常规思维，不敢主动寻找新问题的全新解决办法。在这种情况下，就需要领导者授权团队采取主动行动。当然，这样授权对领导者的一大考验是：他们如何沉住气，让团队有信心去尝试新事物。

通过各种方式给团队赋能。领导者能为团队做的最重要的工作之一，就是指导和辅导团队成员提高技能和知识水平。这是对团队中长期绩效的投资。团队越优秀，领导者的工作就越轻松。团队表现越好，对领导者的影响就越大，对团队和公司的整体利益也就越好。

对团队进行教练式辅导时，你要努力让人们去思考和解决问题。他们可能比你知道得更多，但你可以帮助他们解决很多问题。你可以在变革的实施阶段给团队时间和机会去尝试变革并提供反馈。当然，要记住的一个关键点是，在团队或个人学习的过程中，绩效会降低，此外，人们的学习速度和方式也各不相同。

在指导团队时，你要把自己的知识和经验传授给对方，并尽可能给他们公开、诚实和有用的反馈。你给出的真正有助于团队成员的反馈越多，他们就越能了解哪些方面进展顺利，哪些方面仍需改进。你最好表扬多于批评，激励他们不断进步。

一个培训团队、加强团队凝聚力的方法是人们都熟悉的团队建设活动。变革管理的团队建设活动是一种练习、游戏和模拟活动，旨在帮助团队成员齐心协力实现变革目标。这些活动可以让团队成员积极参与变革过程，并在艰难的变革实施过程中提高团队士气。通过共同完成这些活动，团队成员可以学会更好地合作，并在团队内部建立信任。因此，团队建设活动可以对变革团队的绩效产生积极影响。

促进团队协作。团队协作就是通过沟通、合作和建设性的冲突，为一个共同的目标而一起努力。一个协作良好的团队就像一台运转良好的机器，能推进变革举措一步一步地实施。协作可以让团队更加和谐，让变革更加成功。

领导者需要了解团队协作（team collaboration）与团队工作（team work）的区别。今天的企业都很注重团队协作，但团队协作与团队工作之间的界限已经模糊，因为这两个概念密切相关，经常被交替使用。但是，两者是相对不同的概念。团队协作是指为了实现一个共同目标而一起工作，分享想法、资源和责任，涉及有效沟通、建立信任和尊重，以及相互协作和支持的意愿，更加注重作为一个团队一起工作。团队工作是指团队成员为实现共同目标而付出努力，涉及团队成员之间的协调与合作，以及任务和责任的分工，更专注于最终目标。

要促进团队协作，就必须正确处理协作的各个关键要素，如共同的目标、具有团队意识的领导者以及明确的变革实施战略。要实现顺畅的团队协作，重要的是要进行清晰简明的沟通，建立信任和尊重，以及培养相互协作和支持的意愿。领导者可以帮助营造一种自然而然就能开展协作的环境，宣传团队协作精神，并表彰协作好的团队，把它们树立为学习的榜样，激励其他团队努力看齐。

这里有必要提醒领导者，团队协作除了内部协作，还涉及团队间的协作。团队间的协作可能更为复杂，团队领导者是直接负责人，肩负的责任和压力会很大，当然，组织的变革领导者有责任协调好各个团队之间的协作。

总之，带领团队进行变革，有助于团队成员和组织取得集体成功。领导团队完成变革需要积极主动、灵活机动和全力以赴，这通常是团队领导者的责任，他们可以激励成员齐心协力，实现共同目标。在变革中管理团队，重要的是让你的团队成员感到舒适，了解他们所做的工作，并在变革时期感受到支持。在变革期间，有效的领导力也很重要，这有助于确保团队对正在发生的变革充满信心，并解决他们可能产生的任何担忧。变革对所有相关人员来说都是困难的，但这并不意味着你要亲自承担所有工作，以免给团队成员造成压力。你一定要根据团队成员的资历和技能将职责委派给他们，并考虑完成任务所需的时间，以及谁是完成项目的最佳人选。

应对变革造成的混乱

变革正在大张旗鼓地实施，这时变革领导者突然惊讶地发现整个组织陷入一片混乱的状况。这种混乱会让员工感到绝望，让领导者和管理者感到恐慌。这是变革过程中每个变革领导者和管理者都害怕的局面：旧系统不再起作用，新系统运转不畅，似乎没有人知道自己在做什么。这就是混乱。在混乱之中，组织变革进展缓慢，因为人们还没有完全理解新生事物，会犯很多错误；资深员工觉得自己又变成了新手，他们对此深恶痛绝；一些人离开了公司，其中不乏才华横溢的同事。

对于员工来说，这是一个艰难的时期，他们要适应新的系统并学会以新的方式工作是很难的。对于管理者来说，这也是一段艰难的时期。如果情况看起来比变革前更糟，你怎么能说服任何人，包括你自己，这些付出最终是值得的?

其实,领导者不必对混乱感到吃惊和恐慌,因为变革,尤其是重大变革,或多或少地会出现这种情况。那么,你可能会问,领导者该如何应对变革过程中的混乱呢?

首先,要尽量避免发生混乱,或者尽可能减少混乱。任何事情的成功,归根结底都是用正确的方法去做正确的事情。一些人靠自己摸索着前行,常常无法如愿以偿。一个成功的秘诀是,你可以借鉴组织过去的变革经验,或者从其他组织的变革经历中吸取经验教训,复制已经摸索出来的方法,这能为自己节省时间、精力,也能少走弯路,避免或减少混乱。另一个秘诀是,你可以早早预判会出现哪些混乱情况,从而制订一个预防混乱的计划,有效防止意料之中的混乱。你要意识到,在过渡时期的某些时候,绩效肯定会下降。你可以规划额外的资源,为人们适应变革留出额外的时间,为培训做好准备,总之,无论如何都要尽可能缩短混乱阶段。

其次,如果发生了意想不到的混乱,你也要沉着应对,不能在恐慌中自乱阵脚。在了解混乱对人们产生了什么样影响的同时,你必须弄清产生混乱的原因:是领导者对变革的宣讲没有到位?是变革的实施程序有问题?是用人不当？是变革阻力太大？是低估了变革的复杂性？是变革速度太快，人们没有适应？是团队或员工执行力太弱？还是人们的技能欠缺？

找出原因后，你就可以对症下药了。每种原因都可以找到相应的解决方案。你可以求助于外部的咨询顾问，也可以在高管层通过头脑风暴的方式集思广益，甚至可以从中层管理者、相关团队或一线员工那里获得解决方案。实施良好的方案可以尽快降低混乱的程度，甚至消灭混乱，让你重新获得可以掌控一切的感觉。

领导者不要一遇到困难就打退堂鼓，一定要记住没有痛苦就没有改变，也许没有混乱就没有真正的变革。

先试点后推广

实施变革计划，如果时间允许，可以采取先小范围试点，然后再大规模铺开的做法。变革试点是一次短期试验性的实践活动，只涉及有限的人员、资源和地点。通过试点，你可以测试变革假设，收集反馈，识别风险，并衡量变革计划的成果。试点可以帮助你减少不确定性，提高认同度，并根据真实数据和经验改进变革计划。试点还有助于向利益相关者展示变革的价值和好处，并消除他们可能存在的任何顾虑或抵触情绪。

试点可以作为一个项目来管理。实施试点项目的第一步是确定目标、计划和流程，即你想通过试点实现什么目标，谁将参与试点，试点将持续多长时间，衡量试点成功与否的标准是什么，这都是在启动试点项目之前需要回答的问题。

实施试点计划的第二步是按照计划执行。这时，最重要的是选择合适的试点人群。重要的一点是，最好以能够代表不同部门、学科和专业知识的尽可能少的人数创建一个较为全面的试点团队。接着，要为试点团队或相关人员提供必要的培训、支持和资源，并监督他们的进展和表现。你还需要使用问卷调查、面对面（或在线）访谈、汇报会等方法收集有关变革试点的数据和反馈。

实施试点项目的第三步是根据数据和反馈进行分析评估，并将结果与制定的目标进行比较。你需要评估变革的优缺点，找出差距和可以改进的地方。你还应该评估变革对组织的影响和意义，以及利益相关者的准备度和抵制情况。

如果试点项目取得了理想的成果，那么就来到最后一步，即将变革推广到整个组织或更大的组织范围。这意味着要运用试点项目中的经验教训和最佳实践，并对变革计划进行必要的调整或修改。你还应该向更广泛的人群宣传试点项目的成果和变革的好处，回答他们可能提出的任何问题，打消他们的疑虑。

认真计划，明确沟通，让利益相关者参与进来，监督和调整，学习和改进，这样做可以帮助你测试和完善变革理念，吸引和说服利益相关者，准备和执行变革计划。有了正确的步骤和技巧，你就可以设计、执行、评估和扩大试点计划，从而在组织中成功实施变革。

对于变革试点，需要牢记的要点是：它永远不会是百分之百完美的，总会有改进的余地。然而通过小规模的专门试点，组织将创建一个样板，然后在大规模的正式变革中不断复制，使人们更加期待变革的成功。

【案例】一次不断扩大规模的变革试点

蔡司光学中国是一家在中国生产销售视光学产品（主要产品是眼镜片和验配设备）的德资企业。该公司在实施阿米巴经营这一巨大组织变革时就采取了先试点后推广的做法。公司的总经理杨晓光说："阿米巴是我们想做敏捷服务转型的一个手段。"阿米巴经营把决策授权下放到一线，以各个阿米巴组织的领导者为核心，让其自行制订计划，并依靠全体成员的智慧和努力来完成目标。这样独立核算的细小组织能让第一线的每位员工都成为主角，主动参与经营，进而实现"全员参与经营"，更快地响应客户的需求，让组织更加扁平化、敏捷化。蔡司制定了"树经营意识、促团队合作、创共享价值"的阿米巴变革目标，并组织了三个阶段的试点工作。

2019 年 4 月，杨晓光提出了城市领先战略，目的之一是让不同渠道的销售团队可以共同协作，让蔡司品牌在该城市占有率第一。当时试点的城市是苏州、大连、重庆和西安四个城市，通过项目形式进行跨部门的协作。这是阿米巴试点的雏形。

2019 年底，蔡司选择江西作为第一个阿米巴试点省份，因为在公司的全国六个分区中，江西人数较少，市场份额也较小，对公司影响不大。蔡司选派了一位阿米巴负责人，让他去协调当地的所有人员，进行渠道融合。

在阿米巴试点的这个阶段，团队中对于变化初期的观望、质疑基本转变为理解和支持，这为接下来组织进一步变革打下了比较好的基础。同时，通过半年时间的第一阶段试点，蔡司获得了一定的经验，基本上厘清了阿米巴经营的一些流程和思路，知道了如何去分工协作，如何把跨渠道的同事组织到一起，如何设定目标，如何基于目标去制定当地的行动计划。

2020 年 7 月，蔡司把试点从江西拓展到广西、江苏，这一阶段三个省的试点让基本的流程和分工相对明确，特别是利润核算机制得以确认。

之后，蔡司又把试点拓展到十个省，让更多的人关注并加入进来。在试点的过程中，很多本位主义比较强的销售人员，由于知道蔡司在市场上投了多少资源，所有的费用和成本都是透明的，开始有了经营的意识，大家协同作战；由于不需要层层汇报，提高了当地的反应速度和效率；政策的一致性让客户不会感觉到不公平的待遇；新品发布是同时告知所有人，不像过去两三个月一波一波地去发布。

在这个扩大试点阶段，蔡司完成了核算底层逻辑、阿米巴巴点划分设计，启动了经营分析会，确定了组织架构调整，最后在整个组织中全面启动了阿米巴变革。

变革锦囊

（1）在开始实施变革之前，你必须确保组织已经为变革做好了充分的准备。为此，一个有效的办法是进行变革准备度评估。事实上，变革准备度评估是一个非常实用的工具，可以用来对实施变革的组织能力进行评估，包括评估组织实施变革的能力、资源和文化、当前的运营状况、潜在的风险和挑战，以及了解可能影响变革成功的任何外部因素。

（2）变革准备度评估可以按照描述变革、选择工具、寻求反馈、进行访谈、总结分析等五大步骤进行，其中，选择合适的工具是最为关键的一步。最常见的工具有高德纳公司的"变革准备度剪影"、波士顿咨询公司的多层次变革准备度方法，以及普罗斯西公司的变革准备度模型。

（3）变革利益相关者分析是变革管理的一个重要工具，可以帮助领导者在变革过程中了解利益相关者的兴趣、期望和影响，从而在整个变革项目中进行有效的管理。变革利益相关者分析包括四个主要步骤：识别内部和外部的利益相关者，分析利益相关者，确定利益相关者的优先级，让利益相关者参与变革。利益相关者参与度越高，变革的阻力也就越小。

（4）变革阻力是不可避免的。一般来说，引发变革阻力有员工和组织两个方面的原因：如果员工对变革不理解，从情绪上排斥变革，对领导者不信任或缺乏信心，认为还不到变革的时机等，他们就会反对变革或不愿意进行变革；如果公司现有的文化和规范在组织中根深蒂固，也会造成组织层面的阻力。

（5）变革阻力并非不可克服。一些针对性的克服方法包括：不断宣讲变革的好处，变革前先了解员工的想法，做决策前与员工达成一致意见，变革期间为员工提供支持和培训，持续有效地进行沟通，用早期的成果改变员工的态度，等等。

（6）组织的变革需要各种资源，包括人员、时间、资金、技术、工具、信息和支持等。你需要确保所有必需的资源在变革开始时已经到位。此外，你还应该根据变革的不同阶段配置不同的主要资源。

（7）变革推动者是变革进程的催化剂，是激发和影响人们实现变革的带有正能量的人士。要想取得变革的成功，领导者就需要善于征召组织内部和外部的变革推动者。此外，如果你能够帮助建立一个变革推动者网络，那么就能提高变革项目的成功率。

（8）在推动变革的过程中，领导者还需要关注中层管理者的重要作用。为此，你要主动地与中层管理人员保持沟通，给他们提供尽可能多的培训机会，并鼓励他们在变革过程中成为上下沟通的桥梁，发挥自己应有的影响力。

（9）在变革中，领导者既要成为团队学习的楷模，也要帮助团队保持与变革大局步调一致，发挥团队的主观能动性，促进团队协作，并通过多种方式给团队赋能。

（10）如果变革过程中整个组织陷入一片混乱，领导者切勿慌张，一定要沉着应对，先弄清发生混乱的原因，再有针对性地拨乱反正。此外，组织应该尽量避免发生混乱，或者尽可能减少混乱。

（11）变革试点是避免组织陷入混乱和遭遇失败的一个有效做法。如果时间允许，你可以采取先小范围试点、再大规模铺开的做法。这样做也可以提高变革的支持度，减少变革的阻力，少走弯路。

第 5 章

评估改进：
实现螺旋式上升

在变革实施了一段时间之后，领导者应该从变革初期的兴奋之中冷静下来，看一下变革与制定的目标是否一致，进度是否与预期计划一样，各利益相关者是否承担了应尽的职责，以及是否初步看到了成效等。为此，领导者需要对前一阶段的变革行动做一次诊断评估，找出发现的问题并加以改正，然后继续沿着变革之旅前进。

评估最初的成效

现代管理学大师彼得·德鲁克（Peter Drucker）有两句经常被人们引用的名言。一句是："如果你无法衡量，你就无法管理。"（If you can't measure it, you can't manage it.）另一句是："如果你无法衡量，你就无法改进。"（If you can't measure it, you can't improve it.）这两句名言都谈到了"评估"的重要性。在本书第四章我们讨论了评估变革准备度的重要性。事实上，评估是一个有价值的工具，可以在变革的各个阶段派上用场，对变革管理的重要性不言而喻。一般说来，要有效地管理变革成效，组织必须进行三个阶段的评估：变革前、变革中和变革后。变革前的评估有助于了解组织对变革的容忍度，变革中的评估可以衡量变革流程的有效性，而变革后的评估可以弄清变革是否得到了有效实施，或者是否需要采取额外行动。这里，我们重点介绍变革实施阶段如何进行评估。

评估时间的选择

无论是开展全面的变革计划，还是进行短期的变革，你都必须确定衡量成果的方式和时间，以确定是否达到了目标。评估的时间可以根据变革的性质和大小，在变革规划阶段就制订一份评估计划，确定将采用哪些方式和措施来监测和评估变革成果，并且确定进行评估的时间框架，尤其是在需要变革立即见效的时候。

当然，除了按时间表行事，你也可以在某些特殊情况下进行评估活动。比如，如果你看到变革项目已经给组织带来了明显变化，想要通过庆祝早期的胜利来激励人们，你可以开展一次评估，以展示变革的成效；如果变革陷入僵局或混乱状况，这时你就必须进行评估，从而进行一次深刻的反思。

对变革的评估也并非进行一次就够了，你可能需要根据实际进展情况不停地进行评估，不断地跟踪变革管理的成效。

在实施过程中做评估

一旦组织或团队进入变革阶段，领导者就必须开始考虑进行评估的事情。在变革实施过程中对组织的状况进行评估，可以深入了解变革管理的有效性，快速揭示变革是否需要修正方向，以及各个利益相关者的表现。

在领导变革时，可能会出现偏离计划的情况。然而，你必须避免偏离正确的轨道太远。如果遇到偏离计划的情况，变革中的评估将有助于让你回到原来的轨道上来。

衡量变革的发生涉及一系列因素，比如：有多少变革行动正在完成？员工是否参与其中？异议是否增加？重要的是，要继续发布调查问卷、开展反馈会议并公布结果，以便随时了解变革实施的效果如何。

评估方法：定量与定性

如今，大多数变革管理实践者都被要求评估其工作成果，并向公司领导层汇报。要证明你的变革努力产生了什么样的影响，可以借助于一套定量和定性的衡量工具，评估变革计划的成果以及各项变革管理活动的有效性，以便及时进行调整。评估的常用方法是，通过对已完成活动的调查和观察采集数据，然后使用定量和定性指标相结合的方式进行分析。这两种方法提供了看待结果的不同视角。

定量评估过程会计算和记录以下因素：公司员工适应并拥抱变革所需的平均时间，在工作中积极采用变革思维和行动的人数，员工在实施变革时取得成功的程度，以及变革管理策略是否在实现预期成果的轨道上。所有这些方面都可以通过计算数字来衡量，这意味着它们是准确、中立的方法。它们显示的是不易被操纵的硬数据和统计数据。人们要么在有效地使用新方法，要么就没有，就是这么简单。

定性结果更加主观，也更难衡量。衡量变革中"人"的方面是许多公司的要求。普罗斯西咨询公司于 2023 年做的一项调查研究显示，40％的受访者确认，他们被要求对数字化项目中人的因素进行报告。为了实现定性分析的目标，项目管理团队需要找出以下问题的答案：人们在使用新方法时感觉如何？他们对收到的宣传材料有多满意？他们是否认为在新方法方面接受的培训足以让他们正确开展工作？

通过衡量管理策略的有效性，您可以了解工作的成功率以及活动是否实现了目标。

三个层面的评估指标

对变革举措的评估可以从组织、个人和变革管理者三个层面的绩效进行衡量。该方法是由普罗斯西公司的专家根据变革实践者的调查制定的，被许多公司采用。从这三个层面来衡量和监控成效，可以让你明确和统一变革的目标。这三个层面相互依存，共同为衡量整体绩效提供了一个整体性的框架。

第一个层次是组织的绩效。通过这种评估，可以确定变革举措是否为整个组织带来了预期成果。要评估组织绩效，可以使用以下指标：组织绩效改进、组织对变革的准备程度、实施变革实现的效益和投资回报率、变革计划的实施速度。组织的绩效还可以评估当前和过去的关键绩效指标（KPI），并进行比较，从而帮助变革领导者弄清楚变革举措是否提高了绩效水平。

第二个层次是个人的绩效。评估个人绩效指标可以帮助管理者了解哪些政策能产生有效结果，哪些政策可能需要修订。如果管理者希望提高流程效率，观察员工工作时的情况可能有助于确定实现绩效目标的方法。管理者还可以对员工进行评估，了解他们对新政策或增加的工作流程的反应。事实上，变革管理主要关注的是人们应对变革的方式，因此，衡量他们的进步可以判断变革措施的有效性。变革管理者可利用问卷调查、观察和绩效评估来收集必要的数据。个人绩效评估可以包括以下指标：员工在变革中的投入度和参与度，人们对变革及其目的的认识和理解，观察到的行为变化，员工的反馈，员工对变革的准备度和满意度，以及员工请求支持的次数。

第三个层次是变革管理者的绩效。这项评估旨在确定变革管理团队的工作成效，包括分析过去的政策变化，以发现这些决策是否有效。审查变革管理的有效性有助于改进未来的变革管理，而改进变革管理政策则需要研究个人和组织的绩效。以下指标可用于此项评估：确保变革管理活动按计划进行，评估培训出席率及其结果，沟通的有效性，确保变革活动按照确定的时间表进行，跟踪进展，团队绩效的提高，变革举措的关键绩效指标，实现的效益和投资回报率。

普罗斯西公司的方式很简单实用，当然你还可以选择其他方法和工具进行评估。不管怎么说，你要有效利用评估工具，采取分阶段评估的方式，确保定期了解变革的进度和成果，员工的投入度和满意度，变革对利益相关者的影响，克服阻力的情况，等等。不能忽视的一点是，包括变革领导者在内的组织领导层要进行自我评估。这种自我评估可以帮助你反思自己当前的变革领导力和绩效，并确定哪些领域的能力需要进行针对性的培养，它对以后指导高管、中层经理或主管非常有用。

正如我们之前提到的，变革是一个长期的过程。仅仅完成目标是不够的，还必须保持成果。也就是说，你要不断衡量、评估和改进变革项目。请记住，没有任何规定说每一次变革都会产生积极的结果。如果变革对组织无益，可以尝试新的方法。

嘉奖短期成果

如果在变革的每个阶段都没有取得进展，实施就会步履维艰。领导者应该认识到，能够为变革保持专注、积极性和恪尽职守不仅是一个长期目标，也需要大量的短期成果提供动力。哈佛商学院教授约翰·科特认为，要保持变革计划走在正轨上，取得短期成果至关重要。

什么是短期成果

约翰·科特将短期成果描述为整个团队都认为是"巨大的"，并且有助于实现变革愿景的一个里程碑或一个事件。短期成果，有时也被称为早期成果或快速成果。通俗地讲，短期成果指的是在变革过程的早期取得的小规模、可衡量的成果，这些小小的胜利可用于展示变革是可能取得成功的。

这些成果通常是在相对较短的时间内快速取得的，是实现了与变革计划相关的具体目标或里程碑。短期成果通常被视为一种将更大的变革努力分解为可管理、可实现的步骤的方法，有助于建立信心并为实现最终目标创造动力。短期的胜利对于克服变革阻力、获得可能对变革计划持怀疑态度的利益相关者的支持至关重要。

变革中的短期成果可以有多种形式，具体取决于变革举措和组织目标。这样的一些短期成果可以有很多例子，比如，为提高效率或生产力实施的一项新流程，结果节省了可衡量的时间或成本；完成了一项新技术或系统的试点计划或试运行，证明其有效性和对组织的潜在价值；在市场营销或销售活动中快速取得成果，如达到特定的目标受众，或产生一定数量的销售线索或转化率；发现并快速解决组织中的常见问题或挑战，如改善沟通或解决长期存在的客户投诉；通过确定和吸引组织内的早期采纳者和拥护者，为变革举措建立了支持联盟。

需要注意的是，短期成果并不是目的，而是为变革努力建立动力和可信度的一种手段。

短期成果的好处

在组织内部实施重大变革需要时间，并且需要所有利益相关者的坚定承诺。要保持实现长期变革愿景所必须拥有的动力，取得短期成果是很有必要的。

短期成果可以激励员工，为变革的最后阶段造势。取得短期成果有助于增强对变革进程的信心，鼓励投资者、高管和经理人员继续支持变革愿景。没有他们的支持，变革计划就无法继续。庆祝这些成果还能提高整个组织对变革举措的认同感。实实在在的成果可以激励员工继续奋斗，让他们看到自己的牺牲得到了回报。这也会鼓励其他人积极参与，加强对变革的支持。此外，在艰难的过渡时期，实现一些小目标可以奖励变革参与者，并通过积极的反馈鼓舞士气。

制定短期目标可产生并保持紧迫感。如果目标遥不可及，就很难将其作为优先事项。人们总是倾向于把它们放在次要位置，先处理其他迫在眉睫的快到最后期限的事情。有了可预见的最后期限，就能保持达成长期项目所需的紧迫感。因此，取得短期成果可以为实现可能需要数月或数年才能实现的变革目标提供必要的压力。

短期成果有助于回顾和改进愿景。制定里程碑可以让变革管理者衡量实现目标的进展情况。这为变革领导者提供了一个机会，他们可以借此发现任何问题，审查通过创造短期收益而产生的绩效数据，并在必要时调整愿景。

短期成果有助于让批评者闭嘴。取得短期成果有助于最大限度地减少负面影响，消除批评者的抵触情绪。已完成的里程碑可向批评者证明变革举措是成功的，并为组织带来了积极成果。当有证据证明变革举措已步入正轨并实现了目标时，反对者就很难通过无端指责变革计划会失败来破坏进程。

取得短期成果对变革管理意义重大。短期成果有助于激发继续变革的动力，减少变革批评者的抵触情绪，并奖励积极的行为。这对于增加人们对变革举措的认同感大有帮助。对变革举措和变革愿景的更多认可和积极态度，对于消除障碍、增强推进变革的紧迫感以及支持整体变革工作都具有重要意义。

对短期成果予以肯定，是对为实现里程碑所做努力的奖励，这将强化直接影响变革举措和组织的积极行为。积极的强化和认可会鼓励持续的行为，并为在接下来的变革阶段持续努力奠定基础。

没有什么比分享胜利的果实更能激励人心了。短期成果的影响是巨大的，它会让所有人相信，为愿景付出是值得的、有效的，从而激励更多的人参与其中。

短期成果的标准

约翰·科特认为，变革中一项良好的短期成果至少应该具有三个主要标准：

一是有形可见，很容易被人们识别、认可和庆祝，这样可以让领导层、员工和受变革影响的业务伙伴以一目了然的方式去了解短期成果，并看到它们是真实可信的。短期成果应该是可证明的，并且易于理解，这样人们才能知道其重要性。

二是人们一致认可的，没有什么可争论的。要让短期成果无可辩驳，最好是可以衡量，用事实或数据说话。不容易引发争议的短期成果可能是实现了某个具体目标或里程碑，如降低成本、提高质量或提高效率。组织可以通过关注可以衡量的具体成果，为变革举措造势并建立可信度。仅仅做到可衡量还不够，应该有相应的可衡量的绩效指标，这些指标要有意义，并且可以跟踪和评估。在考虑跟踪哪些指标时，还要考虑人们关心的是哪些指标。

三是符合宏大的变革愿景，即短期成果应与组织的总体战略和长期目标保持一致，这样人们就会明白远大的长期目标将会如何实现。通过平衡短期成果与长期目标，组织可以确保变革举措的可持续性，并为组织的整体成功做出贡献。

科特提出的三个标准看似简单，但细节非常重要。在规划短期胜利时，有一些事项需要牢记。首先，你需要确保对短期成果的设计有一个明确而相关的时间框架；其次，它们必须能够让人激动、兴奋；最后，它们必须对领导层和员工都产生重大影响。

创造短期成果

变革目标的达成通常需要花费好几个月甚至数年的时间。在为最终目标努力的同时，变革领导团队要设法在变革项目的早期就设定一些切实可行的短期目标，并在变革的进程中创造一些切实可见的成果。每当达成一个短期目标时，即向人们展现变革的成效，从而激励人们朝着下一个目标继续努力，这样做的同时还能够部分消除抵制者所产生的负面影响。

要产生可见的、可衡量的、与变革愿景密切相关的短期目标，你可以采取规划和确认两个步骤来实现。首先，变革领导者和管理团队应该有意识地为取得短期成果做好规划，比如可以在 3～6 个月内实现的目标，以保持紧迫感。他们还应该提供证据，证明目前的变革流程在实现长期变革计划方面取得了成功。具体做法如下：

（1）在战略愿景和计划中寻找机会，以创造短期成果。

（2）制定可实现的短期目标，并计划如何加以实现。

（3）让利益相关者参与实施短期目标。

（4）监控变革进展情况，并根据需要修订获得短期成果的策略。

（5）认可并奖励完成短期目标的利益相关者。

短期成果不会自己产生。能否顺利取得短期成果，也取决于领导者发挥的作用。以下是成功规划和实现短期成果所需的一些关键条件：结合清晰的愿景进行规划，通过营造紧迫感来实现短期成果；相信自己能够实现重大变革，同时取得短期成果；具备出色的管理能力，因为取得短期成果需要领导者和管理者致力于规划、组织和控制成果。

约翰·科特鼓励变革管理者通过召开会议去确定要追求的短期目标。各部门及其领导应分析这些行动或事件在组织中的表现，而会议应将变革举措的各个"点"连接起来。如果某些里程碑让会议参与者集体"恍然大悟"，这个时刻就是对短期胜利的确认，因为这向所有人表明，完成这些里程碑与变革愿景是一致的，而且这些举措正在发挥作用。因此，同规划短期成果一样重要的是，领导者和管理团队应该能够识别短期成果。

需要注意的是，规划和识别短期成果都需要考虑到我们上面提到的短期成果的主要特征，这样你的行动会更加有针对性，更加高效。

如果变革愿景的各项举措都已步入正轨，并且团队能够同意完成这些里程碑的任务，那么实现这些里程碑的任务将对整体成果产生深远影响。

识别关键里程碑、行动和进行基准比较对于确定和产生短期成果至关重要。确定实现长期变革愿景必须实施的关键举措及其节点，有助于确定短期成果。反过来，了解短期成果也有助于管理层确定与之相一致的关键绩效指标。

作为整体变革战略的一部分，规划好几个短期成果非常重要，既可以测试不同的路径，又可以让不同的利益相关者群体参与进来。最后，在规划这几个短期成果时，必须有一个人负责监督（或至少保持跟踪）所有不同的工作，并大约每两个月汇报一次。这样，领导层就能保持兴趣，反馈环节也足够短，以便进行任何中期修正。

庆祝短期成果

取得了短期成果之后，最重要的是将这些成就传达给变革参与者。由于变革计划浩瀚无边，变革参与者可能意识不到他们的日常工作对实现变革愿景有多大影响。这就是沟通可以继续发挥重要作用的地方。沟通的方式可以多种多样，然而目标是相对一致的，那就是识别、认可和奖励。传递信息的平台可能包括电子邮件、电话、会议、一对一沟通、办公室聚会等。关键是要在不造成太大干扰的情况下将信息传递出去，让大家都知道。

变革管理是一项长期艰苦的工作，成功理所当然值得肯定。庆祝短期成果可以为变革举措造势，建立公信力，并激发人们的兴奋感和热情。通过庆祝成功，组织可以强化变革举措的价值和重要性，激励利益相关者继续支持变革。奖励那些取得短期成果的人，表明领导层支持他们，有助于在漫长而充满挑战的过程中保持士气。庆祝成果有助于变革管理者重整旗鼓，为变革进程的下一阶段提供所需的动力。

　　庆祝短期成果还能让公司在内部和外部公开认可、奖励和表彰那些实现了短期目标、进而为整个变革举措做出重大贡献的人。庆祝短期成果是变革管理的重要组成部分。那么，如何庆祝变革管理中的短期成果呢？庆祝活动可以采取多种形式，比如公开表彰和奖励，举办团队庆祝活动等。下面是一些可选择的具体做法：

　　表彰和奖励为胜利做出贡献的个人或团队。对帮助取得短期成果的个人或团队所做的努力和贡献予以认可和表彰，形式可以是口头表扬、颁发证书或表示感谢的小纪念品。

　　向所有利益相关者宣传成果。你可以与包括员工、客户和供应商在内的所有利益相关者分享短期成果的消息，这有助于强化变革举措的益处，并为未来的成功造势。

　　举办庆祝活动。举办庆祝活动，如团队午餐、欢乐时光或颁奖仪式，以表彰和庆祝短期成果，这有助于鼓舞士气，为变革举措造势。活动也可以简单一点，比如举办一次上午茶话会，或者下午一起去喝咖啡。

　　创建成果的视觉形象。你可以创建一个短期成果的可视化表现形式，如图表、图形或视频，并将其展示在公共区域的显著位置，这有助于强化变革举措的好处，激励利益相关者继续支持变革。

假如你在变革进程中获得了一些收益，那就尽情地庆祝这些成果吧。有了庆祝活动，你所追求的成功就会变得更加明显。无论是口头、书面还是任何其他方式，庆祝成果都会让事情变得更加容易。如果以后遇到苦苦挣扎的情况，员工会记得并期待，在经历了艰苦，有时甚至是痛苦的时期之后，一定还会有快乐地庆祝成功的时刻。

请记住，如果没有庆祝的节点，领导团队变革就会成为一场漫长的苦行，只有最具韧性的人才能坚持到最后。

避免短期成果陷阱

能够取得短期成果固然是好事，但是领导者也要注意短期成果可能带来的陷阱：

只关注短期成果，忽视长期目标。在变革过程中取得短期成果要避免的最大误区就是：只注重短期成果而忽视长期目标。短期成果对于营造势头和建立可信度固然至关重要，但不能以牺牲长期的成功为代价，因此而偏离变革举措更大、更长远的目标。组织必须在实现短期成果和追求长期目标之间取得平衡，并确保短期成果符合并支持整体变革计划。

过度承诺，无法兑现。另一个需要避免的误区是做出了过多承诺而不能一一予以兑现。做出不切实际的承诺或设定无法实现的目标，会削弱变革计划的可信度和支持度。组织必须对短期内可以实现的目标做到切实可行、保持透明，并诚实准确地传达进展和成果的信息。

过于兴奋，骄傲自大。因为取得了小小的成果，就被胜利冲昏了头脑，可能会低估变革路上未来的崎岖之旅，想当然地认为变革挑战不过如此，于是会加快变革的速度，结果出现欲速则不达的情况。还有一种情况是，有些人可能会认为自己现有的能力可以驾驭自己的任务，不会随着变革的深入继续培养自己的能力，未来遇到更大的变革难度和阻力，可能会掉链子。

短期成果也有可能只是表面上的成功，并非真正的成功，因为你没有设定可衡量的具体指标，只是人为估计或估算的结果。或者，短期成果看上去令人印象深刻，实际上没有实在的意义，没有参考价值。这些短期成果，可能都是暗藏着的一大风险，因为无法真正帮助检验变革是否走在正确的轨道上。

实施改进措施

约翰·科特认为，许多变革项目的失败，是因为过早地宣布变革已经取得成功。变革要取得真正的成功，将涉及诸如流程、制度等更深层次的变化，需要将变革融入公司文化。由此，我们便可以知道，获得变革的早期胜利，仅仅是拥有了一个美好的开端，最终的胜利需要变革领导团队进行更加持续稳定的跟进与完善。

改进的必要性

前面我们提到，在变革的过程中需要定期评估，而评估的一个目的就是为了改进做得不好的方面。变革之路上的一大障碍就是缺乏监测和评估。如果你不跟踪和衡量变革的进展和影响，你可能就不知道变革是否有效，或者是否需要调整或改进。因此，你需要定期监测和评估变革过程，并利用数据和反馈来评估其效果和效率。你可以使用调查、访谈、焦点小组、观察和绩效指标等工具来收集和分析信息。做好这些工作，就为后续的改进打下了基础。

前面我们还讨论了你需要向团队和利益相关者报告和分享成果，大家一起庆祝初期的成功。对取得短期成果的团队或个人嘉奖，也可以树立一个榜样，让其他团队或其他人有不断改进、努力追赶的目标。当然，如果结果不太理想，没有取得阶段性的成果，那么也要从失败中吸取教训。

改进是一个持续的过程，每次评估就提供了一次机会。领导者和管理者首先要考虑是否要改进自己的领导与管理方式，提高有效性。我们都知道，变革是一个带领组织进入未知世界的过程，高管层对变革的领导和管理也是一个不断试错、不断改进的过程。有效评估是否实现了计划中的短期成果，有助于决定变革的愿景、战略、计划是否需要修正，并判断实施的方式是否存在错误，如何去进行战术调整，并改进实施的方式。

如果变革项目出现了严重问题，速度不达标，陷入僵局，无法推进，反对变革的声音加大，那么这时也要思考如何破局，如何让变革更加顺畅。

许多企业的变革实践告诉我们，无论你有多成功，你总能做得更好。

改进的方法

变革管理是领导、支持和帮助员工适应新形势、新目标或新工作方式的过程。对于希望在充满活力和竞争的环境中茁壮成长的领导者和组织而言，这是一项极为重要的技能。然而，变革管理并不是一种放之四海而皆准的方法，它需要不断评估和改进，以确保满足相关利益者的需求和期望。如何确定变革管理中需要改进的地方并加以改善呢？以下是一些具体的方法。

评估组织的现状。在改进变革管理之前，你需要了解组织的现状，这意味着要对变革实施情况、能力和绩效进行分析。你可以使用各种工具和方法来评估这些方面，如调查、访谈、焦点小组、观察、指标或进行基准比较，目的是找出变革管理流程的优缺点，以及差距和改进机会。进行基准比较是将自己的变革管理绩效与内部或外部的其他组织、团队或职能部门进行比较的过程。这可以帮助你确定最佳实践，评估自己的优势和劣势。要有效制定变革管理基准，你需要选择能反映组织变革背景、范围和目标的相关基准。对不同实施团队和职能部门的变革管理进行比较，可以帮助你了解变革组合的复杂性，协调各项工作，促进合作，并认可变革支持者。此外，你还应通过研究、调查、访谈或合作等方式从基准比较对象那里收集可靠、有效的数据，然后进行分析和比较，以找出差距和机遇。

收集利益相关者的反馈意见。确定变革管理中需要改进之处的最佳方法之一，就是收集受变革影响的人员的反馈意见，其中包括员工、客户、合作伙伴、供应商或任何其他相关群体。你可以使用不同的渠道和形式来收集反馈，如在线平台、会议、研讨会、论坛或反馈表。关键是要提出开放式的问题，鼓励诚实和建设性的回答。你还应积极倾听反馈意见，并对其表示认可和感谢。

　　审查变革目标和成果。确定变革管理中需要改进之处的另一种方法是审查变革目标和成果。这意味着重新审视变革举措的目的、范围和目标，并将其与实际结果和影响进行比较。你可以使用各种措施和指标来评估变革成果，如质量、效率、生产率、满意度、参与度或盈利能力，目的是确定变革计划是否实现了预期成果，如果没有，原因是什么，如何改进。

　　确定最佳做法和经验教训。确定变革管理改进领域的最后一种方法是从自己或其他组织的经验中找出最佳做法和教训。这意味着要寻找在类似或不同变革情况下哪些做法行之有效、哪些做法行之无效的实例和证据。你可以使用各种来源和方法去寻找最佳实践和经验教训，如研究、案例、报告、博客、播客或网络。这样做的目的是学习他人的成功经验和失败教训，并将其应用到自己的变革管理过程中。

　　实施并监督改进行动。一旦确定了变革管理中需要改进的地方，就需要实施并监督改进行动。这意味着要制定并执行一项计划，以解决你发现的差距和机遇。你还应该为改进行动设定明确、现实的目标和时间表，并为相关人员分配角色和职责。此外，你还应监控和跟踪改进行动的进展和结果，并根据反馈和结果对其进行必要的调整。

一个改进的实例

一些公司在成功转型的实践方面做得相当好，因为它们制定了标准程序，并定期根据员工的个人目标对其进行评估。但有些公司在召开有效会议、制定发现问题的流程以及向员工提供有效反馈方面存在不足。

比如，一家全球性公司的负责人发现，他的变革管理团队成员有多达 3/4 的时间都在开会。因此，他决定完全禁止晨会，从而腾出时间开展增值活动，如辅导员工或帮助一线人员解决实施变革遇到的问题。对于其余真正必要的会议，他规定了 1 小时的时间限制，并要求所有会议主持人提前发送会议议程和明确的目标。作为榜样，他坚持55 分钟后就离开会议，只要在会议开始时间之前还没有发送议程和目标，他就会要求重新安排会议。

升华变革管理

评估与改进是保证变革走在正确轨道上并保持进度的有效方式之一。当然，要高效实施变革，领导者必须在变革管理上运用更多行之有效的方法。

建立变革治理机制

与组织运营一样，组织变革也需要明确而周到的治理。变革治理是指用于管理和监督组织变革的结构、流程和决策框架。它是变革管理流程的一个关键组成部分，对于促进变革举措取得成功至关重要。

建立变革治理机制对于变革计划的成功非常重要，这一点似乎显而易见，但在匆忙启动变革计划的过程中，领导者往往会忽略对变革治理机制的规划。领导者为了尽快设计和部署解决方案，可能会要求制定不包括有效治理的行动计划。这种想法是错误的！要使变革治理工作取得成功，必须从一开始就建立治理机制，以便在设计和实施组织变革和转型时做到快速、高效。如果最初没有建立变革治理机制，也要在开始实施变革计划时尽快建立，亡羊补牢也是好的。

变革治理不力会让组织付出巨大的代价。在没有有效的变革治理机制的情况下制定变革计划，可能会从根本上减缓进展速度。如果不进行治理，就会出现管理混乱、政治内斗、决策出尔反尔等问题，从而导致延误。如果人们不清楚谁有权做出决策，或谁应该了解关键问题，他们就可能无法采取行动。

美国畅销书作者、知名咨询顾问琳达·阿克曼·安德森（Linda Ackerman Anderson）博士认为，良好的变革治理原则涉及四个不同要素，每个要素实施的变革计划都是不可或缺的。这四个要素是：清晰的变革领导角色、有效和高效的变革领导结构、明确的决策权和决策程序，以及运营与领导变革之间的明确关系。

有意识地进行设计的变革治理包括明确界定的领导角色。每个角色都需要有明确的职责和可完成的任务。在变革的最佳实践中，领导角色一般包括：变革发起人、变革流程负责人、变革领导团队、项目团队、变革顾问等。一旦确定了领导角色，就必须为其配备适当的人员。在指派某人担任某一职务之前，要确保他们具备履行这些职责和兑现成果所需的技能和时间。缺乏成功领导变革的能力，往往是这些角色要付出的最大代价。安德森博士建议，为担任领导职务的人员提供教练式辅导，这样可以帮助领导者"说到做到"。

组织要建立切实有效的变革领导结构。除了了解自己的角色外，变革领导者还必须拥有一种结构，这种结构能够确定相互之间公认的工作关系，并使他们能够以协调的方式采取行动和进行领导。你的领导结构可能是一个与正常运营结构平行的等级结构，也可能是一个由参与人员组成的网络，或者两者兼而有之。灵活敏捷的结构有助于领导变革。在创建变革领导角色和会议规程时，应该考虑每个团队的人员将被分配做什么，创建的角色是否涵盖了变革所需的所有基本领导要求，人们多长时间开一次会、进行一次沟通、管理一次信息，以及你将如何监控进度并确保工作正确无误。

担任变革领导职务的人员需要就决策级别和权限，以及最能支持变革的决策风格和流程达成一致。如果你的变革计划需要围绕如何行使权力和做出决策转变组织文化，这一点就尤为重要。如何管理你的变革计划，必须以你所期望的未来文化为蓝本。所有各方都需要与新的决策文化规范保持一致，同时放弃旧的文化规范，比如所有决策都由高层做出。否则，人们就会对新举措持怀疑态度，因为领导者会宣扬一套文化规范的优点，比如向下层管理人员授予更多权力，却以相反的文化规范为榜样。

最后，最好明确担任变革领导职位的人员与负责运营的人员之间的关系。如果是重大企业变革，首先应明确执行团队与变革领导团队之间的关系。通常情况下，两个团队中的人员是相同的，但团队的职责和决策类型却大相径庭。这些人必须巧妙地戴上"两顶帽子"：一个身份负责经营，一个身份负责变革。你必须将变革领导团队作为一个新的团队来启动，它的权限和会议节奏都不同于其成员的业务角色。明确两者之间的关系至关重要。变革工作无疑会对运营产生影响，比如占用变革所需的资源、时间和人员精力。这种痛点是可以预见的，因此，预先确定如何以最有利于企业未来发展的方式处理痛点是非常重要的。

出色的变革治理机制可以确保组织专注于从任何变革举措中获取最大价值，并管理变革中的人员风险。通过不断完善强有力的变革治理并积极应对潜在风险，组织可以提高变革计划取得成功的可能性，并实现持久、积极的变革。

管理变革中的情绪

《哈佛商业评论》2022 年 7 月号发表了一篇《组织转型是一次情感之旅》（*Organizational Transformation Is an Emotional Journey*）的文章，安德鲁·怀特（Andrew White）、迈克尔·斯梅兹（Michael Smets）和亚当·坎威尔（Adam Canwell）三位作者在文中说，他们最重要的发现之一是，要使转型取得成功，领导者必须采取能够减轻对员工的情感伤害并促使员工做出情感承诺的方法。在失败的转型中，员工首当其冲，他们会对领导者失去信心，并对进一步的转型尝试持怀疑态度，从而造成巨大的情感伤害。作者建议领导者通过优先考虑员工和自己的情感，为成功转型做好准备。

在管理变革的过程中，企业往往把全部精力都放在组织变革的切入点上：谁将扮演什么角色，需要完成哪些任务？然而，领导层往往忽略了一个更为微妙的过程，那就是变革中的各种情感因素。以易于消化吸收的方式向整个组织传达变革，才是巩固长期成功的关键。组织压力、意见分歧和阻力在所难免，但通过精心调整，这些障碍可以成为加强相互关系、明确公司文化以及让每位员工在变革中拥有主人翁意识的基石。

我们也经常看到，不善于察觉情感的领导者无法实现预期的变革，因此，解决组织变革的核心情感问题是成功实施变革的关键所在。任何关键绩效指标或结构都无法解决与变革相关的兴奋和不安情绪。了解人们的情绪以及他们为何表现出某些行为，对于克服情感障碍至关重要。战略挑战、变革和行为之间的内在联系要求我们掌握情感、理智、业务目标和组织生态系统影响之间的相互作用。

在任何组织中，变革都会引发员工从兴奋和激情到恐惧和抵触的各种情绪。如何管理这些情绪会对变革的成功产生重大影响。下面我们介绍一些基于变革管理原则的实用技巧，有助于在变革过程中处理员工情绪。

了解变革的情绪阶段。库伯勒－罗斯曲线（Kubler-Ross curve）是了解人们如何对变化做出反应的使用最广泛的模型之一，它最初被用来描述悲伤的各个阶段。根据这一模型，人们在面对损失或重大变革时会经历五个情绪阶段：否认、愤怒、讨价还价、抑郁，以及接受。作为变革领导者，你需要认识到员工的情绪在这一曲线上所处的位置，并据此调整你的沟通和支持方式。例如，在否认阶段，你需要提供有关变革及其理由的清晰而真实的信息；而在接受阶段，你需要庆祝所取得的成就并强化变革带来的好处。

有效沟通，换位思考。沟通是变革时期管理员工情绪的关键。你需要传达变革的愿景、目标和期望，以及每位员工的角色和职责。你还需要利用不同的渠道和形式，频繁而持续地进行沟通，以确保每个人都了解情况并参与其中。然而，沟通不仅是传递信息，还包括倾听和换位思考。你需要创造反馈和对话的机会，承认并解决员工的担忧和问题。你需要表现出同理心和同情心，避免忽视或淡化他们的感受。

让员工参与并赋予他们权力。在变革期间管理员工情绪的另一种方法是让他们参与变革过程，并赋予他们权力。这样做可以减少他们的焦虑，增强他们的承诺。领导者让员工积极参与并给予授权的方式包括：征求他们对如何实施变革的意见和想法，鼓励他们分享自己的意见和反馈，提供培训和指导以培养他们的技能和信心，给予他们自主权和灵活性以适应变革，以及认可和奖励他们的贡献和努力。

提供支持和资源。对许多员工来说，变革是一个艰难的过程，因此，为他们提供充分的支持和资源至关重要。你可以营造一个支持性的工作环境，让员工能够相互协作，并提供情感和心理支持，如咨询或指导。此外，你还应提供工具或设备等实际帮助和后勤援助。重要的是要监控变革对员工福祉和绩效的影响，并及时有效地解决出现的任何问题。

灵活应对。在管理员工情绪时，你需要灵活应对。变革不是一个线性或可预测的过程，你可能会遇到意想不到的障碍、挫折或机遇。你需要能够随着形势的发展而调整你的计划和策略，并对员工不断变化的需求和期望做出回应。你还需要对变革的进展和结果保持开放和透明，征求并采纳员工的反馈意见。通过灵活应对，你可以在员工中建立信任和信誉，并培养一种持续学习和改进的文化。

安德鲁·怀特等三位作者建议，在制订变革计划时要把理性因素和情感因素都纳入考虑。如果要将感性和理性都融入计划中，就需要将整个过程视为螺旋式的开瓶器而非直线，每转一次就上升一点点，然后回落一点，再旋转又上升一点点。

对变革的情绪反应是伴随组织变革而来的正常反应。

成功的变革领导者都知道，理解并处理员工可能经历的复杂情绪，可以帮助员工感受到实现目标、实施变革和实现组织新愿景的动力和决心。

学会处理变革过程中的情绪反应，对个人、团队和组织的绩效至关重要。与不关注员工情绪或在变革后才关注员工情绪的管理者相比，在变革实施过程中关注员工情绪反应的管理者能够获得更多员工对变革的承诺、更高水平的客户服务、更少的超时成本，以及更短的实施时间。

用情商领导变革

与管理变革中的情绪非常相关的一个话题是把情商领导力运用到变革管理之中。变革中许多障碍在很大程度上是情感因素造成的。如果领导变革进程的人能够发挥更多的情商作用，他们就能认识到情感上的障碍和机遇。在卓越变革领导者的素质中，情商是一个关键因素。

情商通常被称为 EQ（情绪商数），体现了善于识别、理解和管理自身情绪，以及感知、理解和影响他人情绪的能力。这不仅包括自我意识和情绪控制，还包括同理心和对他人情绪的敏锐理解。在变革管理领域，高情商领导者拥有一套独特的技能，使他们能够凭借同理心、自我意识和增进信任的能力驾驭错综复杂的变革。

同理心是有效变革领导力的基石。每当实施变革时，情商高的领导者都会表现出真正的同理心，寻求理解团队成员的感受和担忧。这并不是通过开展活动或仅仅口头上说自己最重视员工就能做到的。领导者只有设身处地地为员工着想，才能做到这一点，因为他们在日常业务中建立了牢固的联系，促进了信任，创造了一个让个人感到被重视和被倾听的环境。

自我意识是以身作则的基础。以身作则始于领导者对自我的了解。高情商领导者拥有自我意识，了解自己的情绪、长处和短处。这种自我意识使他们能够进行真实的沟通，承认自己的弱点，并承认自己并不能回答所有的问题。这有助于创造一种开放的文化，鼓励员工以勇气和韧性拥抱变革。

管理情绪帮助领导者在动荡不安中前行。情商使领导者具备在变革时期管理情绪的能力。他们能在充满挑战的情况下保持冷静和镇定，为团队树立情绪复原能力的典范。当情绪高涨时，这些领导者会保持冷静，避免不必要的冲突，帮助员工应对变革带来的情绪波动。

建立信任是变革管理的关键要素之一。信任是任何成功组织的基石，尤其是在变革期间。情商高的领导者会通过促进开放式沟通、对变革原因保持透明以及尽可能让员工参与决策过程来建立信任。他们优先考虑在相互尊重的基础上建立关系，并确保员工在表达自己的担忧和想法时感到安全。

有影响力的沟通是获得情感联系的力量。高情商的变革领导者在沟通时会考虑受众的情感，传递与员工的价值观和愿望产生共鸣的信息。他们利用讲故事和个人轶事的方式，使变革对于整个组织来说具有了息息相关、激励人心和富有意义的性质。

在一个不断变化的世界里，高情商领导者在成功引导组织完成变革的过程中发挥着举足轻重的作用。通过培养同理心、自我意识和信任感，这些领导者创造了一种拥抱变革的环境。值得谨记的一点是，情商不仅仅是一些人与生俱来的特质，也是一种可以练习和提高的技能。

应对变革疲劳

什么是变革疲劳？变革疲劳指的是个人或组织对变革产生的一种疲惫或倦怠状态，给人一种普遍的冷漠感或被动的顺从感。引发变革疲劳的原因可能有很多种，但最常见的原因可以归纳为三类：

一是太过频繁的变革，比如组织在短时间内发生过多变革，或者一个重大变革紧接着先前的一个变革到来。大规模、不频繁的变革不太可能导致变革疲劳。然而，日常性的变革，如管理、工作角色和内部流程的变革，可能会对员工产生较大影响。为了避免变革疲劳，你必须意识到自己是否在同一时间里要求员工做出大大小小的改变。此外，你还要努力限制小变革的实施频率。

二是突然性的和计划外的变革。当你没有与员工进行有效沟通，而且又没有花时间去做好变革规划时，组织变革就会失败。这种没有制定适当战略就过早实施的变革，往往会让员工感到焦虑和困惑。

三是失败的变革。不断徒劳无功的变革会在整个组织内造成员工的抵触情绪。当过去或当前的变革失败时，员工就会对变革产生厌倦，对未来的变革计划也会失去信心。

当出现变革疲劳现象时，组织的变革工作就会变得失去重点，难以激励员工，或者步履维艰，参与变革的个人也会感到倦怠和沮丧，继而导致士气低落、动力下降、抵触情绪增加和绩效下滑。变革疲劳已成为当今世界企业面临的一个长期问题，因为变革不断发生，有时同时进行，而且往往相互影响。要成功实施变革，变革疲劳往往是组织面临的最大风险之一。然而，幸运的是，企业可以应对和克服组织的变革疲劳。

那么，领导者和团队管理者如何才能在驾驭变革的同时，减轻员工的变革疲劳呢？咨询公司高德纳的研究人员玛丽·贝克（Mary Baker）发现，员工变革能力的强弱取决于两个关键因素：信任和团队凝聚力。

信任意味着员工相信领导者、管理者和人力资源部门把员工的利益放在心上，考虑到变革会产生的影响，而且言出必行，信守承诺。如果员工的信任度低，他们的变革能力就会减半。高信任度员工的变革能力是低信任度员工的平均 2.6 倍。

在变革时期，与团队成员多沟通是一种很好的做法。信息要透明，但最重要的是，首先要寻求理解。你要确保自己了解变革将如何影响团队中的每位成员。当然，沟通必须是双向的，此时倾听变得更加重要。这也有助于向你的团队表达你对他们的关心，无论是职业上的还是个人的。因为变革也对你本人产生了影响，你可以现身说法，分享自己的脆弱，这会让其他人更容易敞开心扉，表达自己的担忧。

团队凝聚力是指团队成员的归属感和联系感，以及对集体目标的承诺和责任感。根据高德纳公司的研究报告，与高度信任类似，高度的团队凝聚力可以使员工的变革能力提高 1.8 倍。建立强大的团队凝聚力应从第一天就开始，并贯穿团队的整个生命周期。

此外，要与员工尽早沟通，持续沟通。这样，员工就可以为未来的变革做好心理准备，并了解即将到来的细节，同时，这也给了员工提供反馈和参与的机会。沟通的时机也很关键。重要的是要记住，变革的影响有时可能是一个滞后指标。在宣布重大变革之前的几个月或几周，人们就会开始在日常工作中感受到变革带来的影响。这些"涟漪"般一波接一波的影响会造成最大的变革疲劳。作为管理者和领导者，一定要注意这些涟漪，并随着时间的推移对团队成员进行调查。继续向团队通报变革的最新进展，并肯定变革对团队的影响。

任何时候，当团队开始实施变革计划时，管理者都必须注意在变革管理方面投入的时间和精力。在沟通变革信息时，要将信任和团队凝聚力作为重中之重，并牢记：在关键时期，以员工体验为基础的良好变革体验有助于降低变革疲劳的风险。

高德纳公司的研究表明，减少变革疲劳的最佳方法是聚焦于员工的变革体验，而不仅仅是改变行为。领导者首先考虑期望的体验是什么样的，然后再反过来确定创造这种体验所需的具体变革行动。精心管理的变革体验对于组织各个层面的变革都非常重要。

变革的数量无疑会导致变革疲劳的出现，但这并不是全部真相。如何发起、引导和创新变革直接影响到员工是否会出现变革疲劳。这就是为什么说要解决变革疲劳的问题，而不仅仅是减少变革的数量。你需要转变视角，关注组织正在引入哪些变革以及如何部署这些变革。

管理变革疲劳也需要确定变革的优先次序，提供足够的支持和资源，并确保稳定与变革之间的平衡。但是，所有变革，无论大小，在沟通和实施方面都应得到同等对待。这将帮助你的员工无论遇到什么变革，都能更加适应，因为他们知道在过渡期间会得到清晰的沟通和支持。你还可以为员工举办抗压能力培训班，帮助他们继续投入工作。

最后，应对变革疲劳应该是一项集体工作。管理变革疲劳的责任不应只落在个人身上，而是需要整个组织的集体努力。管理团队可以通过各种方式为受影响的人员或团队提供支持和合作，帮助他们过渡到新的常态。克服变革疲劳既是领导者和管理者的自我修炼，也是塑造团队和员工变革韧性的一次机会。

变革锦囊

（1）在变革过程中根据变革计划做阶段性评估是变革管理不可或缺的一项工作，而且对变革的评估也并非进行一次就完事了，你可能需要随着变革的推进多次进行评估，以便不断地跟踪变革取得的阶段性成效。

（2）评估可采取定量和定性两种方式，可以从组织、个人和变革管理者三个层面衡量绩效。

（3）对变革的短期成果或阶段性成果表示认可和嘉奖，对于变革来说也是至关重要的。短期成果至少应该符合三个主要标准：有形可见、一致认可，以及与变革愿景一致。短期成果是可以有意识地、有目的地去创造的。庆祝短期成果有助于为变革进程的下一阶段提供所需的动力。庆祝活动可以采取多种形式，比如公开表彰和奖励，举办团队庆祝活动等。

（4）作为变革领导者，你既要设法创造短期变革成果，又要注意短期成果可能会带来的陷阱，比如你可能只关注短期成果而忽视了变革的终极目标，你可能无法兑现自己的过多或过度承诺，你也可能沾沾自喜、骄傲自满、目空一切。

（5）变革评估的目的之一就是为了改进变革管理。要确定哪些方面需要改进，你可以采取的方法有：对变革后的组织状况进行诊断，从利益相关者那里获取有价值的反馈意见，审查变革的目标和成果，与最佳实践进行比较以便找出差距。

（6）建立变革治理机制对于成功领导变革极为重要。变革治理包括清晰地界定领导角色，建立变革领导结构，明确决策权和决策程序，以及明确担任变革领导职位的人员与负责运营的人员之间的关系。

（7）变革中的情绪管理有一些原则性的实用技巧，比如了解变革的情绪阶段，员工有情绪时站在他们的角度考虑问题并进行有效沟通，让员工参与变革过程并赋予他们权力，尽可能为员工提供支持和支援，以及采取灵活多变的方式应对不同员工的不同情绪。

（8）情商领导力在变革管理之中大有用武之地，比如同理心就是变革领导力的一大法宝。高情商的领导者在成功引导组织完成变革的过程中发挥着举足轻重的作用。情商不仅是一些人与生俱来的特质，也是一种可以练习和提高的技能。

（9）变革疲劳是变革管理中很容易被忽视的一个方面。减少变革疲劳的最佳方法是聚焦于员工的变革体验，而不仅仅是改变行为。防止产生变革疲劳是一项集体工作，需要包括领导者在内的整个组织共同努力。

第 6 章

任重道远：
做变革的催化剂

在今天的数字化和智能化时代，技术的进步不但日新月异，而且常常具有颠覆性，这就使得企业不得不持续变革，而公司范围的巨大变革也越来越常见。组织的变革领导者必须适应这种变化的经营环境，勇敢地迎接挑战，打造自己和团队的韧性，巩固新的组织文化，避免常见的变革陷阱，真正成为组织变革的卓越领导者和强大催化剂。

企业范围的变革

企业必须不断变革才能保持竞争力。在设计变革战略之前，确定组织变革的类型非常重要，这有助于执行正确的变革管理计划，取得最佳效果，此外，也有助于选择正确的变革管理工具。

企业范围的变革是影响整个公司的大规模业务转型。这种变革可能涉及重组领导层、人力资源管理、增加新政策、整体业务转型或引入新的企业技术，比如整个公司与其他公司合并或被其他公司收购，整个公司改用新的办公套件技术供应商。数字化转型、精益运营系统的实施，都需要企业范围内的变革举措。

合并和收购是企业范围变革最典型的例子。例如，假设两家公司决定合并，在并购后的整合中，重复的部门被撤销，两家公司的员工被重新分配到新的岗位，一些员工被解雇，新的政策和程序被创建，工作职能被重新调整以适应新的公司结构。消除重叠岗位、重新定义目标、明确界定新的角色和职责以及进行技术培训，这些都是并购期间管理变革的重要部分。两家公司变成一家新的公司，可谓发生了翻天覆地的变化。

数字化转型往往也涉及整个企业的变革。数字化转型是在企业所有的业务领域整合数字技术，从而从根本上改变企业的运营方式和为客户提供价值的方式。虽然技术是数字化转型的基石，但变革管理中的人为因素也会随着技术的发展而发展。因此，变革管理也成为数字化转型获得成功的关键。

企业范围内的转型，不会发生在一个孤立的业务职能部门或一个团队中。这些转型会影响组织的每一个职能和每一个团队。这种大规模的变革，每名员工都会感受到。不过，随着尘埃落定，你可以看到组织结构的改善。组织范围的变革可以作为一个有力的指标，让我们了解长期以来的政策是如何变得过时的，或者如何反映出公司正在转变的身份。

许多企业实施大型的、全企业范围的变革，希望借此解决关键的业务问题。然而，在企业变革的大多数情况下，战略问题并没有得到解决。事实上，情况有时会变得更糟：实施成本超出预算，投资回报令人失望。

企业范围的变革变得困难重重的原因是，规划和协调大范围的变革需要领导层参与整个组织结构中的各个职能部门，这对企业高层领导变革和管理变革的能力带来了巨大考验。根据普罗斯西咨询公司的调查，在接受调查的一系列样本组织中，40％的首席执行官表示，为规划、实施和维持企业范围的转型而培养企业范围内的各种能力，是他们的首要任务。[①]

在实施企业范围的变革举措时，领导者应该考虑这些因素：

大范围的变革需要转变系统和流程，而确定和实施新流程需要时间。有些流程是其他流程的前身，会产生依赖关系。变革管理就像纸牌游戏，一个环节的改变可能会导致整个结构的崩塌。规划变革流程的最佳顺序和时机选择至关重要。

企业战略由高层制定，但必须通过组织的各个层级加

---

① 内容引自企业转型顾问保罗·麦卡锡（Paul McCarthy）2018 年 6 月 14 日发表于领英公司官网的文章《打造企业范围内的变革能力》（*Building Enterprise-wide Change Capability*），网址为：https：//www.linkedin.com/pulse/building-enterprise-wide-change-capability-paul-mccarthy? trk ＝ articles _ directory。

以落实。虽然让高管团队保持一致已经很困难，但整个组织的领导者和员工都必须了解变革对他们的要求。

沟通变革是困难的，因为不同的群体、角色和层级对变革的体验各不相同，这就需要做出不同的行为调整。员工必须理解对他们的期望，而这可能很难表达。变革可能有许多设计者和解释者，要协调好这些声音可能是一件令人生畏的事情。

反馈和评估也变得更加复杂，难以及时、有效地完成。反馈和评估是变革管理的重要组成部分，有助于深入了解变革举措的有效性，确定需要改进的领域，并帮助衡量在实现预期成果方面取得的进展。通过定期反馈和评估，可以在整个变革过程中进行调整和修正，以确保取得最佳成果。如今，随着数字技术的普及应用，领导者可以借助数字手段，比如在线问卷调查等，收集反馈意见并进行分析，或者给团队提供反馈意见。

此外，对于全组织范围的变革，领导层可以采取的策略包括：在向团队传达重大变革时，要做到透明、及时、方便和亲切，可以考虑召开一次面对面或虚拟的全体员工会议进行讨论；明确解释进行变革的原因以及希望取得的结果；创建一个开放式论坛，让员工就变革提出问题；提供培训、人力资源指导和其他相关资源，以支持员工应对变革。

要使企业范围的变革努力取得成功，组织各级员工必须采用新的技能、心态和行为。全企业范围的变革是困难的，但变革做得好的组织就具有了长久的竞争优势。

可持续变革

实施变革无疑具有挑战性，但实施可持续性的变革则更加困难。人类是非常复杂的，虽然我们在短期内会喜新厌旧，但从长远来看，尤其是在遇到不确定的情形时，我们往往又会退缩到舒适和熟悉的过去。可持续变革很少会自动发生。即使是非常积极的变革，通常也需要个人、团队和组织在变革正式实施之前、期间和之后付出巨大的努力。

人们对可持续变革这一概念的理解是模棱两可的。根据学术界研究人员的不同理解，我们将组织的可持续变革分为三个层次来加以分析。这三个层次分别是：不断进行各种变革，把某项变革举措实施到底，以及使某次变革的成果永久保留下来。

不断进行变革

我们经常听说，不断进行变革是困难的，往往是不可能的。实际上，我们生活的世界是由不断变化的环境所塑造的，这就要求企业不断创新和进步，而变革就是推动力。那么，为什么可持续变革被视为一座座需要艰难攀登的高山？为什么组织似乎对变革有抵触情绪，而变革迟迟不能深入人心？答案是人们对未知结果的恐惧。大多数人对已知的事物感到舒服，而对不熟悉的事物感到不舒服。

以人们容易接受的方式去影响他们的变革能力，是变革领导者取得成功的关键因素。以下是在组织内部引发可持续变革的四个有效策略：

建立组织的变革文化。变革文化指的是组织内部对于变革的集体态度、价值观和行为。积极的变革文化能够促进开放性、适应性以及拥抱和支持变革的意愿。组织变革文化是通过领导力、沟通、员工参与和持续强化预期变革行为来培养的。领导者要让人们相信变革对组织的发展至关重要，对人的发展也是巨大的机遇。你可以在组织中创造一种讨论与宣传变革的氛围，使组织文化成为以变革为导向的文化，从而使倾听市场声音并做出适当反应的过程变得自动化。你也可以培养那些能够成为变革推动者的人员，这与创建组织文化是相辅相成的。你还可以将变革融入组织的基因，使变革成为公司经营方式的常态。

培养正确的思维方式。领导者可以以身作则，比如开始一天的工作时，以改进某些事情为目标，无论大小；而结束一天的工作时，评估一下你改变了什么，是否需要进一步改进。然后，鼓励你的团队也这样做，要求他们以不同的方式思考如何开展工作。每天都这样做，不断变革的文化就会逐渐被接受和推崇。

接受失败，将其视为变革的自然副产品。允许你的变革失败，并帮助你的团队从中吸取经验教训，消除对失败的恐惧。鼓励相互尊重意见分歧，并利用这一点来增强准备、实施和领导变革的能力。

保持变革政策的一致性。比如，你可以一以贯之地承诺对变革的决心和支持，或者根据规定用物质手段和精神手段嘉奖对变革做出特别贡献的团队或个人。

把变革实施到底

这里，变革的可持续性是指一个组织或个人在最初实施阶段之后保持实施变革的长期能力，涉及强化新行为，监测进展，提供持续支持和资源，以及将变革融入组织文化和流程，以确保产生持久影响等。

要避免变革举措半途而废，需要领导层的承诺。没有领导者持续的全力支持，公司或组织不可能成功完成变革。领导者还需要将这种承诺传达给组织的其他成员。如果领导者没有全身心投入变革，变革就很难取得成功。

持久的变革也需要清晰的愿景和战略。事实上，如果没有这一变革指南，个人和团体很快就会分心和迷失，从而产生挫败感和无力感。一个清晰而迷人的愿景能给人一种方向感和使命感，而一个精心制定的战略则能确保每个人都朝着同一个目标努力。

员工参与对于组织的可持续变革至关重要。参与其中的员工会对自己的工作和整个组织产生主人翁感和责任感。当员工感到自己的声音被倾听时，他们就更有可能受到激励，对变革的抵触情绪也会减少。他们更有可能发挥创造力，提出新的想法，也更有可能在变革时期坚持不懈。参与变革的员工往往工作效率更高，缺勤率更低。通过让员工参与变革过程，组织可以增加成功的机会，并确保他们所做的变革具有长期可持续性。

流程改进同样是实现组织变革的一种可持续方式。它能帮助组织确定可以提高效率的领域，并做出改进。为了取得最终的成功，领导者需要清楚地了解当前的流程以及希望通过改进实现的目标。他们还需要让所有利益相关者参与流程改进，并确保每个人都了解正在进行的变革。通过采取这些步骤，组织可以确保其流程改进工作带来可持续的组织变革。

最后，想要实现可持续的组织变革，领导者必须做出以数据为导向的决策。依靠数据，领导者可以避免做出可能导致组织内部进一步混乱的草率决策。当数据被用来为决策提供依据时，领导者就有能力做出基于证据的合理决策，从而更有可能实现可持续变革。

对任何一家公司来说，实施可持续的组织变革都是一项挑战。组织一旦走上漫长的变革之路，维持变革的动力和势头就是一项挑战。领导者必须制定明确的目标，让每个人都持续不断地努力。变革往往会遇到来自组织内部和外部利益相关者的阻力。克服这种阻力可能很困难，但这对实现可持续变革至关重要。要克服内部阻力，需要确保每个人都支持变革，并向那些可能有抵触情绪的人宣传变革的好处。外部阻力可能需要更多的说服工作，例如，说明进行中的变革将如何在各方面产生积极影响。可持续变革往往需要投入资金和时间。组织要想成功实施变革，就必须做好不断投资的准备。许多变革都很复杂，这可能会使实施工作面临挑战。组织需要采取全面的可持续变革方法，考虑其业务和运营的方方面面。组织在实施变革时需要跟踪其进展情况，以便衡量其成功与否，并确定需要改进的地方。这可能需要设计新的报告机制或修改现有机制。重要的是，要确保数据收集的准确性和一致性，这样得出的结果才有意义、可操作。

让变革成果永存

有时候，变革并没有随着时间的推移持续下去，而是令人遗憾地回到了过去的老路上。究其原因，组织中有一股对抗变革的力量。人们倾向于固守他们熟悉的事物和能给他们带来舒适感的事物。改变是一种破坏，令人讨厌。因此，我们常常说"旧习难改"。

要让变革成果固化下来，领导者需要不断强化新的工作方式和新的个人行为，具体做法可以是：领导者以身作则，对团队和员工施加影响；跟踪与培养人们对新事物的适应能力；通过宣传新的组织文化从思想上确保不走回老路；奖励变革之后的绩效优异者，树立一个典型供人们学习。

对于上面三个层次的可持续变革，有几个共同的方法值得关注。一是要打造变革的韧性。高效的领导者能够在困难时期保持积极的态度，不怕挫折，勇于承担责任，坚持不懈，这对于帮助团队成员完成变革过程至关重要。坚韧不拔的精神还能让你开发新的技能，采用不同的管理方式，从而更有效地进行领导。二是要避免变革疲劳。过多的变革可能会让一部分人筋疲力尽，失去变革的动力，所以对于可持续变革要进行精心规划。变革的持续时间因变革的复杂程度和范围而异，有些变革可能需要数周或数月的时间，而有些变革则可能持续数年。你需要为计划、执行和强化分配充足的时间，以确保成功实施变革。三是要建立学习型组织。组织学习是在组织内部获取、共享和应用知识的过程。在变革管理中，组织学习包括总结经验教训，确定最佳做法，利用以往的变革经验来加强未来的变革举措。它促进了持续改进、适应能力和有效管理变革的能力。

培养可持续变革能力的最佳方式可能是进行更多的变革。在很大程度上，可持续变革必须成为新常态。毕竟，变化无处不在，而且速度越来越快。当外部变化的速度超过内部变化的速度时，灾难就迫在眉睫了。所以，正如我们在前面提到的，因时而变是组织基业长青、永续经营的关键。

建立文化新常态

上文提到，要保留变革成果，新的组织文化可以发挥很大的作用。组织文化是基于根深蒂固的价值观和做法而长期存在的，而这些价值观和做法是变革的阻力。组织文化影响着我们工作的方方面面，包括决策、沟通和问责的方式。组织的现有文化既可能促成变革，也可能成为变革的障碍。无论是哪种情况，在制订变革计划时，你都有必要了解组织文化的现状；而在变革计划实施之后，也要关注组织文化发生了哪些变化。

变革管理大师约翰·科特认为，当组织转型真的发生了，变革取得了一定的效果之后，组织应该把新的运作方法植入整个企业的运营流程，把变革的基因植入企业的文化。成功的变革，并不是为了达到某一个特定结果，最高境界是为了改变企业文化，把变革的思想、变革的文化深深植入新的组织发展阶段。

你需要采取积极行动，确保变革从"新"走向"常"，这一点虽然往往被忽视，却是实现可持续变革的关键。否则，为实现变革而投入的所有时间和资源都可能付诸东流。

人类习惯的力量不容小觑。这是一种无形的力量，会让人们重拾旧的流程和行为，而对我们许多人来说，甚至都不知道自己在做什么，因为习惯已经深深地植根于我们的脑海中。因此，除了关注新的工作方式外，你还必须留意旧的流程、行为和系统，这意味着通过打破旧的习惯，消除或减少以过去的方式做事的能力。关闭旧系统，改变物理和虚拟工作空间，改变奖励和表彰方法，等等，都有助于人们打破旧习惯，植入新习惯。请记住，每个人身上都有旧习惯的触发因素，这可能会让人们难以改变，因此，你在采取行动时，要有同理心和善意，同时要投入全部精力和热情，帮助人们建立文化的新常态。

对于将变革后新的思维方式、工作方式和行为、习惯等植入组织文化应该给予应有的重视，否则你可能会看到组织的变革成果大打折扣。约翰·科特建议，组织要通过培育一种新的企业文化来把所有的变革成果固定下来，其中包括组织当中的群体行为规范和人们的价值观念。适当的人事变动、精心设计的新员工培训，以及那些引发人们某种情感反应的活动都可能发挥很大的作用。否则，在非常短的时间内，变革过程中的很多努力都有可能被传统之风一吹而散。虽然传统行为方式的影响仍在，但新的行为规范已经确立了下来。组织要坚持新的行为方式，确保它们成功并日益强大，直至取代旧的传统。

博斯公司（Booz & Company）咨询顾问的建议是：为了使变革植入文化，你应该总结经验教训；还应该研究如何让员工长期参与进来，以及如何将最佳实践制度化，从而从这次变革和未来的任何变革中充分获益。他们认为，人力资源部门在这一过程中发挥着至关重要的作用。为了实现持久变革，人力资源系统、结构、流程和激励措施都必须与变革目标保持一致。你需要明确阐述未来组织以人为本的各种要素，不仅包括组织结构，还包括员工的价值主张、个人和团队角色，以及所需的能力、技能和行为。你面临的挑战是，不仅要重新思考人力资源部门如何帮助员工支持变革，还要重新思考人力资源部门如何促进变革的植入和持续，这就要求人力资源部门作为战略合作伙伴和变革推动者，了解企业及其长期需求。

领导者常犯的错误

企业变革的成功离不开强大而有效的领导。诸多研究表明，领导力水平的高低直接影响到变革项目能否成功并达到目标。遗憾的是，有些领导者往往只是在变革开始时参与其中，然后就不见踪影了。这就导致了领导力低下或无效，而这已被列为重大变革项目取得成功的头号障碍。在变革时期，领导力起着至关重要的作用。员工希望领导者能够传达和展示变革的必要性，而领导者可以为成功的组织变革提供必要的权威和可信度。如果领导者无所作为，没有与其他领导者在变革问题上保持适当的一致，或者对变革的支持摇摆不定，结果就会增加阻力，减缓实现组织预期成果的进程。下面，我们列出领导者在变革过程中常犯的一些错误，以及如何避免这些错误。

变革原因不明确。如果出现这种情况，变革往往不会成功。员工和其他利益相关者总是想知道变革的原因是什么。我们为什么必须变革？变革领导者最大的错误之一就是没有回答这个问题，这可能会在员工中造成焦虑，最终导致整个变革计划的失败。领导者必须谨记，实现变革的第一步是向每个人解释你的变革理由。获得每个人或至少是真正重要的人的认同，将确保变革进程取得成功。

低估变革的影响。在变革项目启动之初，作为规划和制定全面变革管理战略的一部分，评估组织对变革的准备情况非常重要。你需要评估当前的组织政策和计划，这些政策和计划可能需要改变或更新，以适应利益相关者群体的新行为。你需要制订细致的工作计划，明确规定角色、职责并确定必须做出哪些关键决策。

沟通不足。沟通对于任何变革管理过程来说都是必不可少的，因为它有助于向利益相关者提供信息，说服他们，并让他们参与进来。然而，许多领导者未能进行有效的沟通，要么提供的信息过少或过多，要么使用的渠道或形式不恰当，要么忽视了沟通对象的关切和问题。为了避免这种错误，领导者应制订一份沟通计划，概述变革的关键信息、沟通对象、渠道、频率和反馈机制。他们还应该根据利益相关者的不同需求和偏好调整沟通方式，并使用多种方法传递信息。此外，有些领导者采取的是单向沟通的方式，而有效的变革沟通需要采取双向沟通的方式。

未能在言行上支持项目。领导者需要直接与利益相关者沟通，说明采用新技术的重要性以及项目的进展情况。你不要认为变革是显而易见、合理或合乎逻辑的，也不要认为变革不需要任何直接支持。你要努力提高项目团队的能力，使它们能够成功实现变革项目的业务目标。你要成为变革的积极倡导者，成为变革的先行者。

过于友好。许多领导者都会犯一个错误，那就是试图与下属交好，以显得自己讨人喜欢、平易近人。毕竟，人们更乐意为自己合得来的上司工作。与下属保持良好关系固然重要，但担任领导者，就必须明白明确界限的重要性。如果领导者越过底线，与员工过于友好，就更容易被人利用。这并不意味着你不能与员工交往，而是你需要在做朋友和做老板之间取得平衡。要做到这一点可能很难，但对于每位变革领导者来说，找到快乐的中间点是非常重要的。

没有确保员工具备变革的能力。在今天的任何组织中，员工的日常工作都是超负荷的。你不能用变革来轰炸他们，要确保他们有足够的时间，以及掌握实施变革所需的技能和工具。如果员工两者都不具备，他们很可能会压力过大，甚至会找个理由走人，让组织失去宝贵的人才。花时间给员工进行培训，并尽快提供合适的工具应该是一个有效的解决办法。

评估不力。任何变革流程的最后一步都是评估变革的成果，这有助于确定变革是否实现了预期目标、总结经验教训并庆祝成功。然而，许多领导者忽视或推迟了这一步，原因可能是他们太忙，缺乏数据或工具，或者认为变革已经完成。为避免这一错误，领导者应确定并传达成功的标准和指标，收集并分析相关数据和反馈；还应与利益相关者分享和讨论调查结果和建议，认可并奖励团队的贡献和成就。

不够耐心。成功的组织变革需要很长时间。领导者和管理者不应期望短时间内会发生显著变化，因为采用新的工作方式很困难。因此，要想适应变革并取得令人满意的结果，就需要极大的耐心。变革领导者和管理者在变革过程中变得不耐烦也是一个非常普遍的错误。挫败感使他们开始做出一些非理性的决策，如调整团队关键成员，削减预算，突然修改变革战略和计划，等等。这种急躁情绪最终会扼杀变革的目的，并最终导致组织变革的失败。

硬核能力自查清单

在本书前面各章节中，我们讲述了在领导变革和管理变革的过程中领导者需要运用哪些有效的变革技能。这里，我简要总结一下最为核心的必备能力，供变革领导者对照自查。如果你在某些能力上表现不错，一定要保持自己的能力，并在变革实践中不断加强或拓展；如果你在某些能力上自我评价有些薄弱，那就必须尽快通过学习和培训加以提高。要成为真正卓越的变革领导者，你必须使自己的短板变长、长板更长。

我们对各类变革研究文献中提到最多的变革领导能力进行了分析归类。下面是卓越变革领导者的硬核能力对照自查清单：

战略思维。战略思维是领导者清晰思考全局并将愿景转化为现实的能力。这样的领导者善于关注因时而变的机遇，把握变革至关重要的每一个细节，并能预见实施过程中可能面临的挑战。战略思考的技能并不普遍。一项研究发现，只有 10% 的领导者具有战略思维，他们有能力领导企业渡过难关。只有他们才是有能力解决复杂问题、带领组织摆脱危机而不是赢得短期目标的领导者。此外，变革思维也应该是战略思维的一部分。

沟通技能。有效沟通是领导和管理整个变革过程的关键技能。员工需要从领导者那里了解变革意味着什么，为什么需要变革，变革对他们意味着什么，以及新的工作方式是什么。沟通应该是双向的，因为作为变革领导者，你既要听取员工和团队成员的反馈意见，也要确保团队成员的想法和建议得到真正的倾听和重视。通过沟通和倾听技巧，变革领导者更有可能克服和管理变革阻力。

果断决策。在组织变革中，最有效的领导技能之一就是快速行动和及时决策。一项研究表明，快速做出决策的领导者在实现变革方面会事半功倍。变革过程中会遇到阻力、恐惧和不确定性，而高效的领导者可以通过果断和快速决策来克服这些问题。他们有能力收集所有必要的信息和细节，以便做出明智的决策。他们深知决策的重要性，并相信拖延会导致时间和资源的损失。

激励员工。激励指的是激发员工和团队成员的热情和动力，推动他们不断前进并按时完成各项变革任务。变革领导者必须具备强大的变革推动力，还要能够让人们对变革产生兴趣、感到兴奋，激发和激励团队的创造力和创新精神。

赋能下属。优秀的变革领导者会帮助下属增强能力，让他们渴望投身变革并做出贡献。他们会在适当的时候赋予他人自主权和决策权，并始终给予悉心的指导和支持。变革领导者如果具备出色的辅导和指导能力，就能帮助团队在变革时期实现转型，取得更好的业绩。辅导下属通常意味着你要以积极的态度去提供支持和进行指导，并乐于为遇到困难的人提供咨询。具有指导技能的变革领导者会伸出援手，帮助那些因前途未卜而变得焦虑、注意力不集中和沮丧的团队成员。来自领导层的指导可以提供支持和鼓励，让他们保持专注，无所畏惧地开展工作。

运用情商。卓越的变革领导者应拥有一流的情商。变革会给员工带来压力和情绪体验，而有效的变革领导者深知情商在应对这些挑战中的重要性。具有高情商的领导者能够理解和管理自己以及他人的情绪，并利用这种理解建立积极的关系，在团队中建立信任感和信心。当变革领导者表现出同理心时，员工就会觉得自己得到了理解和尊重，也是变革项目中的重要成员，因此，他们会更加积极地全面参与。事实上，研究发现，同理心对于任何类型的组织变革都至关重要。在变革中，协作能力是一项重要的领导特质，因为它需要跨团队、跨部门和跨利益相关者开展工作。高情商的领导者能够与他人建立并保持牢固的关系，并通过合作达成共识，推动变革向前发展。

拥有韧性。韧性被定义为面对失败和失望继续努力工作的抗挫折能力。在整个变革过程中，面临阻力和挑战是很自然的事，但有韧性的领导者会随机应变，努力克服困难。他们会继续寻求高管层对变革项目的支持，并用必要的数据或证据去说服他们支持变革项目。韧性的表现之一是乐观自信。当组织经历变革时，关键是你要相信组织能够成功，你的团队有能力实现目标，你能有效地带领团队度过变革时期。当困难来临时，乐观和自信可以帮助你坚持下去，而你对团队和变革进程的信心也会让员工产生信心。

勇于担责。敢于承担责任的变革领导者会对变革举措的结果负责，并愿意为结果承担责任。他们在变革过程中对进展和挫折保持透明，随时向利益相关者通报最新情况，并对出现的任何挑战或障碍保持公开。他们愿意在必要时做出调整，并在事情没有按计划进行时采取纠正措施。卓有成效的领导者会帮助建立一种主人翁文化，让员工感受到自己对变革计划成功的责任感和使命感。

我们列举的能力清单具有普适性，适用于各种类型组织的各种变革举措。当然，不同的组织属性以及不同的变革类型对各项能力的要求不一样，有时侧重于这几类能力，有时侧重于那几类能力。在每次变革，尤其是重大变革之前，领导者可以把必备的能力排出优先顺序，然后在变革前自测，并开始制定增强补弱计划。在大型变革中，领导者也需要帮助领导团队和管理团队评测和加强变革的领导能力。

变革管理经典模型

上面我们着重讨论了领导变革和管理变革在具体实践上需要怎样做好每一个细节，现在我们也介绍几个影响力很大的经典变革理论和管理模型，以便读者能够更深入地理解我们在前面各个章节所阐述内容的理论基础。

变革管理模型的设计就像指南针一样，能帮助领导者驾驭艰难曲折的变革或转型，并引导你和你的团队有效地采用新流程，最大限度地提高变革的投资回报率。变革管理模型可以让你做好应对变革阻力的准备，并指导你和你的员工成功实施变革。不过，在详细介绍经典模型之前，我们先来了解一下组织为什么要采用这些模型进行变革。

什么是变革管理模型？变革管理模型是为组织变革提供指导的概念、理论和方法。它们旨在为进行变革、驾驭变革过程以及确保变革被接受并付诸实践提供指导。无论是全公司范围的变革、某个部门的变革，还是介于两者之间的任何变革，变革管理框架都旨在使变革更易于实施，更重要的是，使变革成为新的规范。

变革模型的重要性在于，了解经典的变革管理模型和框架的基本原理，有助于企业在推动变革项目时利用最佳实践、战术和战略。依靠这些变革模型的基本原理，企业可以制定出更有效、更具战略性、更符合实际情况的变革计划。

科特的变革八步法

在变革领导力方面，哈佛商学院教授约翰·科特可能是最受人尊敬的思想家。他在变革领导力的理论和实践方面做出了重大贡献，他的观点久经考验，真实可信。他的方法主要在组织层级发挥作用，这意味着他的变革领导方法最适合指导大型组织的重大变革。科特的方法为变革领导者提供了一个有效的路线图。

科特认为，可能阻碍变革的障碍有 8 个，分别是：①过于自满；②未能创建一个强大的领导团队；③低估愿景的力量；④对变革愿景宣传不足；⑤任由障碍阻挡变革；⑥未能创造短期成果；⑦过早宣布胜利；⑧忽视将变革植入文化。

科特的这种方法能让你意识到实施变革时可能遇到的陷阱，从而知道应该避免什么。他的方法提供了一种沟通策略，可以帮助你克服难以预料的对变革的抵触、犹豫，以及（有时）直接的敌意，尤其是来自团体和组织的敌意。

根据上述陷阱，科特在 1996 年出版的《领导变革》

（*Leading Change*）一书中首次提出了他的八步变革管理模式，该模式后来在 2014 年进行了更新，以适应不断发展的业务需求，帮助企业加快数字化转型和对变革的采用。他针对变革障碍提出了有效领导变革所需的 8 个步骤。下面，我们具体介绍科特提出的是哪 8 个步骤，以及每个步骤又意味着什么。

步骤 1：营造紧迫感。任何重大变革都需要整个组织的承诺，而做到这一点的最佳方法通常是营造一种紧迫感。维持现状并对新变革产生某种形式的抵触情绪是人的天性。然而，紧迫感往往能激发启动变革实施过程的最初动力。要让员工将变革视为解决现有问题的可能办法，传达变革的必要性和原因至关重要。作为变革领导者，你必须获得至少 75％的组织管理层的支持，才能领导有效的变革。

步骤 2：建立指导联盟。下一步是确定组织的主要利益相关者，并说服他们致力于拟议的变革计划。推动变革不是一个人的事。"领导＋管理"的变革原则强调，组织变革需要多位领导者的意见、想法和支持。你的指导联盟由你选择作为支持系统的人员组成，包括在有效变革领导下的经理和主管。此外，作为少数人的变革领导者要将任务分配给有经验的多数人，向他们宣传变革的原因，使他们对变革的必要性充满信心，以确保得到各职能部门的支持。

步骤 3：制定愿景和战略。要让较低层级的人员理解变革举措，往往具有挑战性。你可以通过征求整个组织关键人物的反馈意见，为如何实施变革构建统一的愿景，并制订相应的变革管理计划，明确列出所有项目的里程碑和可交付成果。清晰的愿景可以帮助每个相关人员了解他们应该做什么。当愿景只停留在头脑中时，就很容易低估培训或其他任务等所需的时间。把愿景写下来可以帮助你平衡变革实施的各个方面，并制定更切合实际的时间表。

步骤 4：传播变革愿景。愿景一旦制定，就需要不断地向组织中的每个人传达，让人们铭记愿景是实施变革的一个重要因素。组织往往更关注变革的后勤工作，而不是对变革进行恰当的沟通。变革必须得到理解和支持才能取得成功。如果没有有效的变革管理沟通，变革举措很可能会失败。作为变革实践者，你必须经常谈论你的愿景和变革实施计划，以透明的方式解决员工关心的问题，将你的愿景应用到从培训到绩效考核的所有操作环节中，并且以身作则，引领变革。

步骤 5：赋能广泛的行动。大多数变革在实施之前都会遇到各种障碍。你需要解决所有抵制变革的因素和人员，帮助其他人执行实施变革的必要步骤。从上到下推行变革的方法往往会遭到员工的反对。要想成功推动变革，就必须找出所有可能降低变革成功概率的因素。无论是在个人、组织文化方面还是有限的资源方面，变革都可能会遇到一些障碍。应尽早识别这些障碍，并依靠现有资源在不影响其他业务领域的情况下打破它们。组织必须克服的变革障碍包括：不清楚为什么要进行变革，变革的内部阻力，缺乏领导力和利益相关者的支持，缺乏信息技术和变革管理，以及变革疲劳。

步骤 6：取得短期成果。实施变革通常是一个漫长而烦琐的过程，如果你想让每名员工在整个变革过程中都保持专注和动力，你就需要制定几个短期目标，然后在变革过程中认可并庆祝短期的胜利和成就。你可以尝试创新的奖励制度，如奖励团队成员礼品卡或额外假期。你也可以公开表彰员工的努力。这些微小的举动都能极大地激励团队成员。

步骤 7：巩固成果，进行更多变革。变革一旦开始实施，你就需要放大其优点并努力消除其弱点。你要将变革视为一个持续的过程。实施与完全采纳之间存在很大的差距。如果推动变革的人因短期成功而沾沾自喜，或因遇到障碍而灰心丧气，变革计划就很容易失败。因此，变革领导者必须提前设定目标，并不断分析，同时改进，以获得长期收益。此外，企业还必须将领导力与发展方面的资源投入变革管理培训课程中，指导员工如何应对、克服和适应变革。

步骤 8：将新方法融入组织文化。变革举措需要行为上的改变，而变革要想被完全采纳，就必须深深扎根于组织的文化和流程之中。关键是要提供持续的员工培训，直到新的行为方式成为一种习惯。如果你过早地不管你的团队成员，就有可能让他们重蹈覆辙，失去你辛辛苦苦取得的变革成果。

科特变革八步法模型的一大优势是易于实施，它是一个易于操作、循序渐进的变革管理模式，清晰地描述了整个变革过程。这一模型注重组织内各利益相关者的认同。重点在于通过组建指导联盟，让员工参与并接受变革，为变革举措的成功争取组织支持。同时，它强调了创造紧迫感的重要性，因此，拥抱变革的思维方式和精心设计的变革愿景可以让你的组织获得成功。

与其他变革管理模式一样，科特模式也有一定的局限性。在实施这种变革模式时，你必须了解它的几个缺点：该模型非常注重营造紧迫感，但缺乏细节；该模型具有顺序性，耗时较长，遗漏任何一个步骤都会让你的变革管理团队误入歧途；作为一种自上而下式的模型，它限制了员工的参与范围，从而导致挫败感。

科特的变革八步法模型是一种流行的变革管理模式，它通过动员员工快速采用和实施新流程、新技术和其他组织变革，帮助企业应对组织变革和数字化创新。科特在《领导变革》一书中鼓励按顺序完成 8 个步骤。从根本上说，科特的方法是通过上述 8 个步骤实现组织变革的。这8 个步骤构成了有效的变革战略的基石，可以预测并克服组织内部的变革阻力。

【应用】苹果实现愿景的方式

在过去的 30 年里，苹果公司经历了许多成功和失败。苹果公司一次又一次地证明自己能够克服挑战，超越任何可能出现的差距。苹果公司是在愿景的基础上建立起来的，然而仅有愿景还不足以实现组织的成长或成功。一个组织必须能够在全公司范围内传达自己的愿景，并让员工有能力根据这一愿景采取行动，从而将其变为现实。为了实现愿景，组织必须勇于变革，并提供一个促进变革的环境；只有这样，组织才能成长。约翰·科特的变革八步法模型可以概括苹果公司在整个组织中实现愿景的方式。

步骤 1：营造紧迫感。当苹果公司看到个人电脑市场的商机时，他们树立了紧迫感。1976 年苹果公司成立时，史蒂夫·乔布斯就看到了这种机会。苹果公司的联合创始人史蒂夫·沃兹尼亚克说，他从来没有想过要卖电脑，而乔布斯决定卖电脑。他的这种洞察力导致了个人电脑行业的发展。当时的大型计算机制造商没有看到家用电脑的需求。在苹果公司推出家用电脑之前，个人电脑行业并不存在。

步骤2：建立强大的指导联盟。起初，苹果公司在组织内部并没有强大的联盟，但很快就意识到，要想生存下去，就必须结成联盟，而苹果公司迈出的最大一步就是与微软公司合作。与客户建立牢固关系的能力是苹果擅长的另一种建立联盟的方式。客户成为公司的自愿代表，为公司的产品和服务代言。

步骤3：制定愿景。苹果公司的成立就是基于一个愿景，而这个愿景推动着创始人不断创新计算机。最初，公司的愿景很简单，那就是"制造人人都能使用的电脑"。多年来，公司的愿景不断发展，传达了通过创新改变世界的远大目标，那就是"通过制造促进人类进步的思想工具来为世界做出贡献"。苹果公司认为，除了电脑，他们还能为社会做出更多贡献，于是他们将自己的技术扩展到音乐产业和手机产业。

步骤4：传播愿景。由于发展速度太快，传达这一愿景对该公司来说是一项比较困难的任务，但最终还是通过重新定义价值观实现了这一目标。起初，向其他苹果员工传达愿景并不难，因为该组织就是建立在愿景之上的。然而，随着越来越多的人涌入苹果公司，传达愿景变得越发困难。随着公司以指数级的速度增长，曾经将组织凝聚在一起的黏合剂开始分崩离析，愿景在每天不断出现的新面孔中消失殆尽。从其他公司招聘员工也给公司带来了不连续性，因为来自 IBM 公司或惠普公司的员工会带来与苹果公司格格不入的公司文化。最终，苹果公司发现自己的运营方式与 IBM 等公司类似。他们极力避免这种情况的发生，但由于组织内员工众多，科层制是管理所有人的唯一方法。苹果公司试图通过成立一个委员会来限制组织内部的一些不连续性。委员会开始着手扭转公司的局面，包括文化和工作环境。他们的想法是让组织协调一致，以便重新开始有凝聚力地工作。达成一致的方法之一是在整个组织中重新确立文化价值观。

　　步骤 5：赋能员工为愿景而行动。苹果公司赋予员工权利，允许他们参与最终会影响公司成败的决策。公司为员工提供了有关电脑应用程序的自愿学习的课程。苹果公司还出台了新规：苹果电脑在使用一年后，免费送给员工在家使用。这样，员工就能更好地掌握工作技能，让他们能够完成更多更有意义的任务，也有助于促进人人都能使用电脑的愿景。这也是创造短期成功的一大步。

步骤 6：计划并创造短期成果。苹果公司当时看出电脑文字处理如此简洁，就认为打字机已经过时了。在苹果试图说服客户之前，他们决定先在公司内部证明这一点。这一内部举措提高了员工的效率，提高了工作满意度，并导致了很少的人员流失。电脑文字处理将经理们从琐碎而耗时的文书工作中解放出来，而新的空闲时间使他们能够指导员工，从而大大改善了工作氛围。在这种情况下，苹果能够为实现让普通大众使用其电脑的长期目标和愿景奠定基础。他们从小规模开始，为自己的员工制定一个短期目标。因此，一些最低级别的员工能够在更高的级别上做出贡献。苹果公司通过与员工创造短期的内部胜利局面，为自己创造了与消费者的长期外部胜利局面。

步骤 7：巩固成果，进行更多变革。由于市场总是在不断变化，苹果公司也在不断巩固改进，实施更多变革。在短暂的个人电脑行业历史上，苹果作为行业领导者改变陈旧范式的能力显而易见。苹果开创了个人电脑行业，然后创新了图形用户界面（GUI）。iPod 和 iPhone 产品线是苹果预见未来需要、将愿景付诸行动并取得颠覆性成果的例证。iPhone 已经证明，苹果可以在继续创新的同时巩固自己的核心竞争力。

步骤 8：将新方法制度化。将创新方法制度化也是苹果公司的特色，而苹果公司正在不断尝试新方法。他们掌握了个人电脑行业，随后又进军音乐行业和通信行业。苹果公司实施愿景、创新和适应变化的能力和组织文化使其成为一家真正有远见的企业。

ADKAR 变革管理模型

然而，科特的方法并不是解决组织变革领导力问题的唯一方法。ADKAR 模型也是一种广为人知并被广泛运用的变革管理方法，它为有效管理组织内的变革提供了一个框架。ADKAR 是 awareness（意识）、desire（愿望）、knowledge（知识）、ability（能力）和 reinforcement（强化）的首字母缩写。它代表以下几个方面：

- A：意识到变革的必要性
- D：参与并支持变革的愿望
- K：关于如何变革的知识
- A：采用所需技能和行为的能力
- R：维持变革的强化措施

ADKAR 方法由变革管理咨询和研究公司普罗斯西的创始人杰夫·希亚特（Jeff Hiatt）提出，是一种培养和发展变革导向型文化的方法。不过，与科特方法不同的是，ADKAR 方法最适用于个人，而不是团体或整个组织。上述五个方面是普罗斯西公司所认为的个人层面成功变革所必需的五个要素。ADKAR 模型假定，变革是一个过程，需要人们经历一系列阶段，从了解为什么需要变革，到想要参与变革，到学习如何实施变革，到展示新技能和行为，再到长期保持变革。在管理个体员工时，这种方法最为有效，可以帮助他们看到并接受变革的价值，了解在组织变革中所需扮演的角色。

ADKAR 方法涉及领导者向自己提出一些关键问题，或者让自己更清楚地意识到，在与员工个人沟通变革并进行变革引导时需要些什么：

- 意识到变革的必要性

——变革的性质是什么？

——为什么要变革？

——不变革的风险是什么？

- 参与并支持变革的愿望

——支持变革的个人动机是什么？

——支持变革的组织动力是什么？

- 关于如何变革的知识

——变革期间和变革之后所需的知识、技能和行为是什么？

——了解如何变革？

- 采用所需技能和行为的能力

——如何证明有能力实施变革？

——可能阻碍实施变革的障碍是什么？

● 维持变革的强化措施

——保持变革的机制是什么？

——对变革的认可、奖励和激励各是什么？何为变革成功？

由于 ADKAR 模型以结果为导向，因此，它可以通过在整个过程中设定明确的里程碑来促进变革。参与变革的每个人都必须达到每个目标，尽管不同的人可能在不同的时间达到不同的目标。例如，一个人可能已经渴望变革，而另一个人还在逐渐意识到变革的必要性。

ADKAR 模型最有帮助的一点是，它的五个连续性的目标可以确定变革阻力所在。例如，某人之所以无法改变，是因为他/她不明白为什么需要改变（意识），还是他/她不明白如何做出改变（知识）？一旦你弄清了某人卡在哪个步骤上，你就能更好地引导他/她完成某个阶段。

目标 1：使人们认识到变革的必要性。宣传变革的必要性是基础。但是，培养变革意识不仅仅是宣布变革那么简单。为了让员工真正意识到变革的必要性，他们不仅要理解变革背后的原因，还要认同这种原因。你要明确解释为什么需要变革，一定要把重点放在变革会给受影响的人带来什么好处上，对于你是如何做出变革决策的、将如何实施变革以及变革流程计划的其他方面，你要始终鼓励团队提出问题。

目标 2：培养变革的愿望。员工可能理解了为什么要进行变革，但这并不意味着他们想要变革。为了让他们接受变革，他们必须渴望变革。幸运的是，你可以培养这种愿望。你要任命一些变革推动者。变革推动者不仅能表明大家对变革的支持，而且他们能最自然地与受变革影响的人建立联系。选择那些能够了解日常工作会受到哪些影响的变革推动者，以便他们能够提供具体的支持和指导。为了激发人们的愿望，变革推动者需要具体说明变革给特定个人或团队带来的好处，当然要避免夸大其词。在培养愿望时，变革阻力是一个主要障碍。阻力是意料之中的，但你需要了解阻力的核心原因。人们是否害怕自己没有技能进行变革？他们是否担心变革会影响自己的工作职责？员工是否因为学习新知识需要付出额外的努力而感到沮丧？一旦了解了阻力的根本原因，可以有针对性地解决，必要时对变革实施计划进行调整。

目标 3：提供如何变革的知识。ADKAR 模型中的知识里程碑主要指培训和教育。为了开始变革，你的团队需要了解他们的职责、技能、工具和流程将受到哪些影响。

鉴于每个人都必须单独达到每个里程碑，知识建设需要具体化。你要提供直接适用于每个团队或个人职责的知识，要花时间评估变革需要哪些额外的技能、工具和职责。你还应该运用细致的分析，让员工了解哪些力量在阻碍变革，以及如何抵消这些力量。这样做可以让你围绕必要的技能培养去规划变革时间表。不过请记住，一下子改变太多东西可能会让人感到不适应，从而产生抵触情绪。如果你的变革需要员工学习大量新材料或掌握新技能，则应循序渐进地实施变革。当然，知识建设不应仅限于促进变革，同样重要的是提供知识，让你的团队能够将变革进行到底。

目标 4：确保员工有能力进行变革。无论员工对如何做某事懂多少，对自身能力是否有信心会决定他们能否甚至是否愿意去做某事。为了缩小知识与能力之间的差距，可以让变革推动者负责辅导个人或团队。你可以让变革推动者负责收集团队的反馈意见，从而让你注意潜在的问题和障碍。在变革前的工作中进行培训也很重要。在全面推广之前，让团队对变革进行测试，可以帮助他们建立信心。此外，你还可以监控绩效并提供详细的反馈。对于较大规模的变革，可以考虑分阶段实施，以便尽早发现问题并调整实施计划。

目标 5：强化变革。最初的动力可能会让你到达终点，但如果员工开始依赖旧习惯，你就无法越过终点。一旦新流程到位、新软件安装完毕或新的组织结构图正式发布，就应在实施后长期强化变革。在变革期间和变革之后庆祝成功，这样才能培养并保持员工的热情。一方面，当人们重拾旧习时，可以私下纠正错误和不良行为。另一方面，要公开表扬良好行为，让整个组织一起庆祝。同时，你要继续收集反馈意见。变革过程可能已经完成，但员工的反馈仍然很有价值。你应该倾听员工的意见，找出痛点，了解额外的支持对哪些方面会有好处。此外，你还需要在变革管理计划中加入强化时间。变革不可能一蹴而就，强化工作应远远超出目标完成日期。

对于变革领导者、管理者和团队成员来说，ADKAR模型是一个非常有用的工具。其简单的语言和结构易于理解和记忆，而其灵活性和适应性又使其适用于任何类型的变革。它重点突出，可操作性强，能帮助你确定变革过程的目标和步骤，以及实现这些目标的工具和技术。此外，它还具有以人为本和同理心的特点，能够识别团队成员的情绪和动机，从而为你量身定制相应的方法。经过数十年的研究和经验积累，ADKAR 模型已被证明是行之有效的，得到了许多组织和专业人士的信赖。应用该方法的主要原则，可以帮助你成功管理变革，增加实现目标的可能性，同时提高团队成员的满意度和参与度。

ADKAR 模型可以在变革项目的不同阶段以不同方式加以使用。它可以作为一种诊断工具，用来评估团队成员的当前状态，并确定他们在变革过程中所处的位置。该模型还可用作规划工具，以确定变革过程中每个阶段的预期成果和行动。此外，它还可以作为一种沟通工具，根据团队成员在每个阶段的需求和期望来调整你的信息和反馈。例如，为了树立意识，你可以解释变革的原因和好处、不变革的风险和代价，以及变革项目的愿景和目标。为了激发愿望，你可以让团队成员参与这一过程，解决他们的顾虑和反对意见，并强调个人和职业回报。为了提供知识，你可以提供培训课程，分享最佳实践和范例，并提供学习资源。为了提高能力，你可以创造实践和反馈的机会，监控绩效和进展，并奖励改进。为了确保强化，你可以庆祝所取得的成就，强化积极的行为和成果，并解决可能出现的任何问题。

ADKAR 方法描述了个人在面对变革时需要经历的各个阶段，它是了解"如何、为何以及何时"使用不同变革管理工具的基础工具。ADKAR 模型简单地描述了一个人如何成功地进行变革，而有效的变革管理需要以个人模式为基础，以鼓励有效的组织变革。ADKAR 模型提供了一个简单而合理的框架，可以帮助你评估团队成员的准备情况和阻力，找出阻碍他们前进的差距和障碍，并设计和实施有效的变革管理策略和干预措施。

【应用】微软重塑组织的实践

微软公司于 2014 年实施了采用 ADKAR 的变革举措，并已证明自己是一家能够有效利用这一变革模型来重组组织活动并确保提高生产力的企业。

当时的变革背景是这样的。微软公司是一家公认的科技巨头，在技术市场上占据着强势地位。然而，当智能手机操作系统开始主导技术市场时，该企业的利润开始下降。当苹果、安卓等开始占据更大的市场份额时，微软不得不艰难地接受这种变化。2014 年，新任首席执行官萨蒂亚·纳德拉（Satya Nadella）对公司以往的做法进行了重大调整。

为了适当调整组织流程，确保必要的实践顺利融入组织活动，微软的高管们需要选择相关的变革策略。ADKAR 模型被选为最有用的变革工具，可以高效地执行所需的变革类型：全公司范围内的转型变革。ADKAR 与企业文化的概念有着深刻的联系。因此，要成功运用这一模式，高管必须改变员工对公司目标和成就的理解，鼓励他们参与变革举措。

　　ADKAR 变革方式还需要公司领导的额外投入。要正确实施变革，领导者必须履行自己的职责，激励员工并根据他们当前的需求调整环境。微软选择对高管们进行变革领导力教育，促使他们增强员工对企业变革的渴望。此外，该公司还聘请了一些专业的变革顾问，负责促进调整和控制变革进程。这些进行变革的方法得到了普罗斯西公司 ADKAR 创建者的高度认可，表明微软的高管们尽可能地遵循了 ADKAR 框架。

　　在此之后，微软高管将重点放在了实施战略的第二阶段，即激发员工参与和支持变革的愿望。考虑到个人通常会对调整做出消极反应，试图维持环境的当前状态，因此，员工自身对变革的渴望甚为重要。微软成功地培养起员工对改变当时运作方法的兴趣，同时，组织文化也鼓励员工设想了如何进入智能手机软件市场的一个解决方案。

　　在使用 ADKAR 模型时，下一个关键步骤是推广将变革融入当前组织流程的知识。2014 年之前，微软的企业文化只注重推广成功销售的产品，这对创新解决方案的创造产生了负面影响。通过纳入培训计划和辅导教员，让员工了解变革方法，微软得以避免误解和混乱，因为没有适当的变革知识很可能会产生误解和混乱。

第四步是确保员工也掌握实施新活动所需的技能。将企业文化的重点放在实践技能上，对于启动变革进程也至关重要。因此，微软高管引入了培训研讨会和专业咨询，以提高员工的技能，帮助他们将新行为融入工作活动。

变革举措的最后阶段是确保成功实施变革。高管们需要提高员工在实施预期行为方面的能力。因此，企业通常会设定具体的绩效预期，使员工能够提高特定技能，并按照预期规范行事。然而，要改变完成工作任务的常用做法，就必须强化变革举措，促使员工使用在变革培训中学到的技能和行为。微软公司推出了多项激励计划，专门用于支持新知识的实施和鼓励员工。

在战略实施后，微软高管报告了几项积极的成果。2017 年，由于变革举措的实施，公司收入激增，文本和智能手机操作系统市场地位上升。与 2014 年相比，微软令人难以置信地改善了其财务状况，并重新赢得了所有不同客户群体的兴趣。然而，该举措最重要的成果是提高了员工的参与度和士气，这表明员工受到了为公司而工作的激励，并有动力为公司的发展做出贡献。团队凝聚力和成员之间的沟通也得到了提高，企业文化也发生了积极变化。

勒温的三阶段变革模型

美国爱荷华大学著名心理学家库尔特·勒温（Kurt

Lewin）于 20 世纪 50 年代提出了一个变革管理模型，其理念是将变革过程分为三个不同的部分。在勒温看来，变革的过程需要先让人们认识到需要进行变革，然后向新的、理想的行为水平迈进，最后将新的行为巩固为规范。勒温的变革管理模型是最常用的方法之一，因为它清楚地列出了三个步骤以及公司管理层在每个步骤中应该做的事情。下面简述一下这三个部分。

第一阶段：解冻（unfreeze）。"解冻"是个比喻，意指像融化冰块一样打破现状。大多数人都有抵制变革的天性，因此，变革管理流程的第一部分应致力于通过激励员工采纳变革来启动变革。

该模型的第一阶段涉及认知管理，旨在让受影响的利益相关者为即将到来的组织变革做好准备。变革领导者必须想方设法提高公司对变革的准备程度，并创造一种与科特变革模型类似的紧迫感。

在这一阶段，有效的变革沟通对于在变革管理中获得团队成员的认同和支持起着至关重要的作用。"解冻"阶段的活动包括：进行业务流程分析，了解当前业务流程中的漏洞；获得组织的支持；制定战略性变革愿景和变革战略；以令人信服的方式传达必须进行变革的原因；以诚实和透明的方式解决员工关心的问题。

第二阶段：变革（change）。一旦变革行动开始，组织就会经历一个转变过程。在此期间，公司的高层管理人员需要提供坚实的领导力和持续的保证。

一旦现状被打破，实施变革阶段就开始了。在这一阶段，你必须考虑采用敏捷和迭代的方法，结合员工的反馈意见来平稳过渡。要避免不确定性，你可以采取的措施和行动包括：确保信息的持续流动，以获得团队成员的支持；组织变革管理研讨会和会议，进行变革管理演练；授权员工积极应对变革；创造轻松获胜的机会，因为可见的成果将会激励你的团队。

第三阶段：再冻结（refreeze）。一旦变革得以实施并为公司员工所接受，每个人都会将新的指导方针视为常态，组织也会恢复稳定。

在最后的这个阶段，员工将从过渡阶段走向稳定或接受阶段。但是，如果变革领导者未能加强组织文化的变革，员工可能会恢复以前的行为。有助于你支持变革的活动包括：识别并奖励早期接受者和变革倡导者，定期收集员工反馈，按需提供员工培训和支持。

勒温提出的包括"解冻""变革"和"再冻结"三个步骤的变革模型，有助于提高员工适应变革的能力。

这一变革模型尤其适用于组织变革的如下五个重要

方面：

第一，改变员工的行为和技能。通常情况下，每项变革举措都需要改变员工的行为并不断提高他们的技能。在现有技能的基础上，员工可以承担更多的责任。因此，提供持续的员工培训至关重要，直到变革成为第二天性。

第二，改变组织的流程、结构和系统。成功的变革举措需要平衡地改变业务流程、结构和系统。

第三，改变组织文化。麦肯锡公司认为，拥有强大文化的公司可获得三倍的股东回报。要想从任何变革举措中获得长期收益，就必须将变革扎根于组织文化之中。

第四，改变使用的技术。为确保成功采用新技术，企业应树立紧迫感，评估现有技术，为变革做好准备，实施新技术，并建立其长期可行性。这种方法可以最大限度地降低失败的风险，使过渡更加顺利，并使组织从新技术中获益。

第五，改变产品或服务。在对产品或服务进行变革时，重要的是要迅速行动起来，对现有产品进行评估，制订新计划，并将其融入公司文化和流程。通过遵循这一变革模式，组织可以降低失败的风险，确保成功实施变革，并实现预期效果。

勒温变革管理模型的优点很明显。

　　首先，这一模型的简洁性是其最大的优势之一，领导者、管理者和团队易于理解。如果你正在寻找一种精简、易懂的方法来帮助你和你的团队管理和适应变革，那么勒温变革模型是一个值得考虑的好方法。毕竟，该模型只包括三个阶段，因此，任何人都可以理解并加以利用。这种方法也适用于不同规模和不同行业的团队。

　　其次，勒温的变革管理模型之所以有用，是因为它基于人类心理学。勒温清楚地了解人类的心理是如何运作的，以及他们通常是如何应对变革的。他利用这些信息创建了一个简单的模型，以易于理解的方式分解人类行为。这种模式的许多支持者都称赞其源于行为心理学。他们还指出，人类心理很少发生变化。换句话说，人们今天对变化的反应通常与几十年前或几百年前相同。人类行为的一致性使其成为一种适用于多个团队、组织和行业的合理方法。

　　再次，如果实施得当，勒温的变革模型可以很好地带来可持续的长期变革。勒温深知，要让人们接受企业运营方式或工作方式的变革需要时间，而获得认同和为应对常见反对意见做好准备是很重要的。这些认识帮助勒温创建了一种模式，允许团队领导者和管理者引入变革，解释变革的必要性，并引导员工，直到他们准备好接受和拥护这些变革。

最后，可能是源于人类心理学，勒温的变革管理模型同样以人为本。这种方法强调真实的人及其对变革的反应，因此，对各种类型和规模的团队都非常有效和有益。采用这种模型的管理者和团队领导者将能更好地应对来自员工的潜在阻力。他们也会更容易制订出简化过渡期的计划，让尽可能多的人毫无压力。

勒温变革管理模型的缺点同样显而易见。

一是对某些人来说可能过于简单。人们对勒温变革模型的一个常见批评就是它过于简单。一些管理者和团队领导者认为，勒温的模型过于简化了人类应对变革的方式。批评者认为，变革的三个阶段不足以进行适当的变革管理。他们还声称，该模型留下了太多的解释空间，可能导致管理者误解或滥用。

二是可能过于僵化。勒温变革模型的批评者认为该模型过于僵化。他们认为，企业会不断经历变革，这与勒温模式的第三个阶段"再冻结"相悖。最终，被重新冻结的行为或战略需要解冻，变革模式需要再次实施。批评者认为，更灵活的最后阶段会更有效。

三是它可能被视为具有战斗性。有些人还认为勒温的变革模式是对抗性的，而不是培养或支持员工的。三步骤模式很容易被用来让员工相互对立。它可能造成一种"我们与他们"的心态，将员工分为两类：赞成变革的人和反对变革的人。赞成变革的人还必须赢得反对变革的人的支持，这也会导致工作环境更加敌对，并可能产生有害的工作环境，从而引发冲突。

四是不适合短期项目。勒温的变革管理模型在理论上很简单，但在实践中却可能很复杂、很耗时。要获得所有团队成员的支持，让每个人都同意变革，需要花费时间。重新冻结并让人们习惯这些变革，使其成为现状，则需要更多的时间。不过，勒温模式最适合用于长期项目和永久性变革。对于短期计划和快速任务，采用其他方法会更有效率并产生更好的结果。

尽管如此，勒温的变革模型框架还是经受住了时间的考验，仍然是组织寻求变革的一个宝贵工具。从解冻阶段到再冻结阶段，勒温的变革模型为管理复杂的组织变革过程提供了一个全面的路线图。

【应用】麦当劳的运营变革

麦当劳是全球最知名的快餐连锁店之一，近年来为适应不断变化的市场趋势和消费者偏好，它进行了重大变革。这些变革需要一个全面的变革管理战略，以确保平稳过渡和成功实施。

2017 年，麦当劳实施勒温的变革模式，全面改革其业务战略和运营。当时，麦当劳正努力跟上不断变化的消费者偏好，市场份额正在被竞争对手甩开。

麦当劳认识到了变革的必要性，并从解冻现有商业模式入手。公司领导团队向员工传达了变革的必要性，解释了传统快餐模式不再有效的原因，以及新的变革将如何使公司和顾客受益。

随后，麦当劳开始对其业务模式和运营实施变革，如推出全日早餐，为菜单提供更多可定制的选择，改造店内技术以提高效率和改善顾客体验。这些变革都是基于对顾客的研究和反馈，旨在满足顾客不断变化的需求。

在这一阶段，麦当劳遇到了一些来自特许经营商和员工的阻力，因为他们已经习惯了旧有的工作方式。但是，公司的领导团队继续宣传变革的好处，并与特许经营商和员工进行合作，确保他们获得必要的资源和培训，以适应新的模式。

麦当劳全面实施了这些变革，然后对其成功与否进行了评估。麦当劳进行了必要的调整，并将新的商业模式纳入公司的政策和文化，使其更加稳固。适应变革的员工得到了认可和奖励，公司仍在不断监测和评估其商业模式和运营的有效性。

最后的寄语

强大的领导力是重大变革取得成功的关键所在，但有些领导者却对此望而却步，不愿参与其中。愿意参与变革的领导者也有优劣之分。卓越的领导者与糟糕的领导者之间的区别是很明显的。糟糕的领导者试图消除人们对变革可能会带来混乱的担忧，这样做日后会为自己的错误付出代价；而卓越的领导者是变革的催化剂，能够以身作则，并不断激发人们对于取得最终成功的高度承诺和决心。

卓越的领导者适应能力强，因此能够成功驾驭变革。成功领导变革的信念非常重要。卓越的领导者不但有坚定的信念，而且懂得如何降低变革的风险，并且坚持不懈地带领组织战胜阻力，直至变革之旅取得完全成功。

变革的失败通常源于规划和实施不力。人们常说，细节是魔鬼。变革领导者应该谨记：变革要取得成功，如何做比做什么更重要。只有做好了变革每一环节的每一细节，变革的成功才会水到渠成，组织的发展才会欣欣向荣。

变革锦囊

（1）数字化转型和企业并购往往需要进行企业范围的变革。企业范围的变革因为涉及整个组织脱胎换骨般的转变，是较为复杂而又巨大的变革，需要领导者更加关注变革流程的每个细节，更加注重相关部门的协作，投入更多的时间和精力去驾驭整个变革的过程。

（2）实施可持续变革可以利用的有效策略分别是：在组织中建立一种变革文化，培养团队和员工的变革思维，将变革失败视为变革成功之母，以及保持变革政策的连续一致性。

（3）领导者必须能够识别在变革过程中容易犯的一些错误，比如变革原因不明确，低估变革的影响，没有给员工赋能，不能坚持到底，等等，并懂得如何去加以避免。

（4）要成为一位卓越的变革领导者，你必须检查自己是否具备变革的硬核能力，其中包括：高瞻远瞩的战略思维能力，善于与各个层级进行有效沟通的技能，当机立断的决策能力，激励员工的感召力，赋能下属的能力，运用情商领导力的能力，百折不挠的毅力，以及勇于承担变革结果的魄力。

（5）变革管理模型是非常实用而又高效的变革管理工

具。如果你的组织将要实施大型的变革，想找一个容易上手、循序渐进的管理方法，那么约翰·科特的变革八步法将是一个不错的选择；如果你想在变革中更好地管理员工，那么 ADKAR 模型一定会对你大有助益；如果你想寻找一种精简、易懂的方法来帮助你和你的团队管理和适应变革，那么勒温的三阶段变革管理模型就可助你一臂之力。

参考文献

［1］汉迪. 第二曲线:跨越"S型曲线"的二次增长［M］. 苗青,译. 北京:机械工业出版社,2017.

［2］华为公司. 华为管理手册-管理变革(5版)［EB/OL］.(2023－03－12)［2024－01－20］. http://www. 360doc. com/content/12/0121/07/144930_1071637757. shtml.

［3］毛万金. 华为变革法:打造可持续进步的组织［M］. 北京:中信出版社,2022.

［4］彭剑锋."数智化"倒逼中国企业管理升级,背后是一场深刻的系统性变革［EB/OL］.(2018－8－22)［2024－3－22］. https://baijiahao. baidu. com/s? id=16094694799968222394&wfr=spider&for=pc.

［5］吴晓波,黄灿,穆尔曼. 华为管理变革［M］. 北京:中信出版社,2017.

［6］科特. 领导变革［M］. 徐中,译. 北京:机械工业出版社,2014.

［7］科特,科恩. 变革之心［M］. 刘祥亚,译. 北京:机械工业出版社,2013.

［8］ABBAS T. 10 Ways of managing change with emotional intelligence［EB/OL］.(2023－12－31)［2024－1－1］. https://

changemanagementinsight. com/10-ways-of-managing-change-with-emotional-intelligence/.

[9] ABBAS T. 12 Common types of organizational change [EB/OL]. (2022 - 12 - 12)[2024 - 1 - 1]. https://changemanagementinsight. com/12-common-types-of-organizational-change/.

[10] ABBAS T. 5 Pillars of sustainable organizational change [EB/OL]. (2022 - 12 - 6)[2024 - 1 - 1]. https://changemanagementinsight. com/5-pillars-of-sustainable-organizational-change/.

[11] ABBAS T. Role of leadership in change management [EB/OL]. (2022 - 9 - 18)[2024 - 1 - 1]. https://changemanagementinsight. com/role-of-leadership-in-change-management/.

[12] ANDERSON L A. Creating effective change governance for your change initiative: who's in charge of what? [EB/OL]. (2016 - 12 - 19)[2024 - 1 - 20]. https://blog. beingfirst. com/ creating-effective-change-governance-for-your-change-initiative-whos-in-charge-of-what.

[13] BAKER M. How to reduce the risk of employee change fatigue [EB/OL]. (2020 - 10 - 14)[2024 - 1 - 24]. https://www. gartner. com/smarterwithgartner/how-to-reduce-the-risk-of-employee-change-fatigue.

[14] CARPEN K. Change management process-step 6: generate short-term wins [EB/OL]. (2022 - 10 - 31)[2024 - 1 - 20]. https://viralsolutions. net/change-management-process-step-6-generate-short-term-wins/.

[15] CREASEY T. 3 Activities for engaging with middle managers [EB/OL]. (2023 - 12 - 11)[2024 - 1 - 14]. https://www. prosci. com/blog/3-activities-for-engaging-with-middle-managers.

[16] CREASEY T. 3 Factors of change which define or constrain project ROI [EB/OL]. (2023 - 10 - 20)[2024 - 1 - 14]. https://

www. prosci. com/blog/3-factors-of-change-which-define-or-constrain-project-roi.

[17] DINWOODIE D, PASMORE W, QUINN L, et al. Navigating change: a leader's role [J]. Center for Creative Leadership. white paper, 2015:1.

[18] DWECK C S. Mindset: The new psychology of success [M]. New York: Random House, 2006.

[19] FINKELSTEIN S. Why smart executives fail: and what you can learn from their mistakes [M]. New York: Portfolio, 2003.

[20] Forbes Coaches Council. 15 Change nanagement mistakes you're probably making [EB/OL]. (2018 - 5 - 23) [2024 - 1 - 12]. https://www. forbes. com/sites/forbescoachescouncil/ 2018/05/23/15-change-management-mistakes-youre-probably-making/?sh＝4a1f4fa82482.

[21] GERAGHTY J. Change management: how to shift the behaviours and mindsets of your people [EB/OL]. (2019 - 9 - 6) [2024 - 1 - 25]. https://www. hrzone. com/lead/change/ change-management-how-to-shift-the-behaviours-and-mindsets-of-your-people.

[22] HARRINGTON H J, VOEHL F, VOEHL C F. Model for sustainable change[EB/OL]. PMI White Paper, 2015. [2024 - 1 - 20]. https://www. pmi. org/learning/library/model-sustainable-change-11122.

[23] HEWETT J. Building a change agent network [EB/OL]. (2023 - 5 - 9) [2024 - 1 - 15]. https://www. qa. com/about-qa/ our-thinking/building-a-change-agent-network/.

[24] HLUPIC V A. Employee mindset shift: How SAP inspired its employees to innovate and achieve breakthrough by eliminating

status quo and process [EB/OL]. (2023 - 12 - 11)[2024 - 1 - 20]. https://www. hrdconnect. com/2023/12/11/employee-mindset-shift-how-sap-inspired-its-employees-to-innovate-and-achieve-breakthrough-by-eliminating-status-quo-and-process/.

[25] HORLICK A. Metrics for measuring change management [EB/OL]. (2023 - 12 - 19)[2024 - 2 - 10]. https://www. prosci. com/blog/metrics-for-measuring-change-management.

[26] Indeed Editorial Team. The importance of managing a team through change (plus tips) [EB/OL]. (2022 - 11 - 24)[2024 - 1 - 22]. https://uk. indeed. com/career-advice/career-development/managing-a-team-through-change.

[27] Indeed Editorial Team. Why is change important in an organization? (and how to encourage it) [EB/OL]. (2022 - 10 - 1) [2024 - 1 - 22]. https://www. indeed. com/career-advice/career-development/why-is-change-important-in-organization.

[28] Ivy Panda. Microsoft's new approach: change initiative analysis and critique [EB/OL]. [2024 - 1 - 26]. https://ivypanda. com/essays/microsofts-new-approach-change-initiative-analysis-and-critique/.

[29] JAHN J, LUIZ M, MESSENBÖCK R, et al. Are you ready to transform? [EB/OL]. (2020 - 1 - 6)[2024 - 1 - 13]. https://www. bcg. com/publications/2020/are-you-ready-to-transform.

[30] JAIN M. Kotter's 8-step change model: advantages & disadvantages [EB/OL]. (2019 - 12 - 3)[2024 - 1 - 19]. https://whatfix. com/blog/kotters-8-step-change-model/.

[31] KELLER S, SCHANINGER B. Getting personal about change [EB/OL]. (2019 - 8 - 21)[2024 - 1 - 18]. https://www. mckinsey. com/capabilities/people-and-organizational-performance/our-insights/getting-personal-about-change.

[32] KEMPSTER S, HIGGS M, WUERZ T. Pilots for change: exploring organisational change through distributed leadership [J]. Leadership & Organization Development Journal, 2014: Iss. 2, 152 – 167.

[33] KOONTZ D, MAHAGUNA S, STILES D. Apple-innovation is the key[EB/OL]. (2009 – 10 – 22)[2024 – 1 – 25]. https://agilecomplexificationinverter. blogspot. com/2009/10/apple-innovation-is-key. html.

[34] KOTTER J. Change management vs. change leadership-what's the difference? [EB/OL]. (2011 – 7 – 12)[2024 – 1 – 23]. https://www. forbes. com/sites/johnkotter/2011/07/12/change-management-vs-change-leadership-whats-the-difference/.

[35] KOTTER J. Leading change: why transformation efforts fail [J]. HBR, March-April 1995:59 – 67.

[36] KÜBLER-ROSS E. On Death and Dying [M]. London: Routledge, 1969.

[37] MALHOTRA G. ADKAR model: what is it and how to use it? [EB/OL]. (2023 – 11 – 17)[2024 – 1 – 18]. https://whatfix. com/blog/adkar-model-what-is-it-and-how-to-use-it/.

[38] MALIK P. Lewin's 3-stage model of change theory: overview [EB/OL]. (2022 – 1 – 4)[2024 – 1 – 22]. https://whatfix. com/blog/lewins-change-model/.

[39] MCCARTHY P. Building enterprise-wide change capability [EB/OL]. (2018 – 6 – 14)[2024 – 1 – 18]. https://www. linkedin. com/pulse/building-enterprise-wide-change-capability-paul-mccarthy?trk=articles_directory.

[40] MEDHI B. Ultimate guide to change management: making your organization thrive in 2024 [EB/OL]. (2024 – 1 – 4)[2024 – 1 – 20]. https://www. vantagecircle. com/en/blog/change-

management/.

[41] TABRIZI B. The key to change is middle management [EB/OL]. (2014 - 10 - 27)[2024 - 1 - 19]. https://hbr. org/2014/10/the-key-to-change-is-middle-management.

[42] TABRIZI B. The key to change is middle management [EB/OL]. (2014 - 10 - 27)[2024 - 1 - 6]. https://hbr. org/2014/10/the-key-to-change-is-middle-management.

[43] The Peregrine Team. Leading change with heart [EB/OL]. (2022 - 11 - 1)[2024 - 1 - 22]. https://peregrineglobal. com/leading-change/.

[44] WHITE A, SMETS M, CANWELL A. Organizational transformation is an emotional journey [EB/OL]. (2022 - 7 - 18)[2024 - 1 - 25]. https://hbr. org/2022/07/organizational-transformation-is-an-emotional-journey.